月刊『創』編集部編

開けられたパンドラの箱

やまゆり園障害者殺傷事件

創出版

目次

第2部 事件とどう向き合うか

第3部 精神科医はどう見るか

［はじめに］

開けられたパンドラの箱に社会はどう対応すべきなのか

篠田博之［『創』編集長］

2016年7月26日未明、神奈川県相模原市の障害者施設「津久井やまゆり園」に植松聖《うえまつさとし》被告が押し入って障害者19人を殺害、27人を負傷させた事件は、日本中を震撼《しんかん》させた。特に植松被告が、その施設の元職員だったという事実は、障害者及びその関係者にとっては大変な衝撃で、いまだにその恐怖を払拭できないという人もいる。

月刊『創《つくる》』は2016年10月号で総特集を組んだのを皮切りに、その後も継続してこの事件を取り上げてきた。そして事件から1年を経た2017年7月に植松被告と手紙のやりとりを始め、8月に面会。同年9月号からその面会内容やインタビューを掲載してきた。そして今回、事件から2年を迎えるというこの時期に、過去2年間の主な記事を加筆修正のうえまとめた本書を刊行することにした。

事件の真相究明のために最も大切なのは犯行動機の解明だ。植松被告は2017年、接見禁止が解けてからマスコミの取材に応じるようになった。事件から1年目の2017年7月時点では、弁護人の指示もあって、面会は原則拒否していたのだが、手紙のやりとりには応じていた。それだけでなく、その後少しずつマスコミとの面会にも応じるようになった。ただ、この1年間、犯行動機の解明が進んだかといえば、なかなかそうはいかなかったのが実情だ。

それがなかなか難しい理由の一つは、植松被告が犯行時と同じ主張を繰り返していたからだ。被害者や遺族への感情を考えると、障害者への差別ともとれる植松被告の主張については、その内容を報道することも許されるべきでないという見方もあった。植松被告は犯行時の自分の主張を変えていないので、彼の主張を紹介すること自体が、差別意識や優生思想を増幅することになるという側面もあった。

その意見はもっともだと思う。『創』はメディアの中では比較的早い時期に植松被告と面会できるようになったのだが、取材して得た彼の話は、もちろんそのまま報道できるようなものではなかった。植松被告の語った内容は半分以上は掲載できないものだったし、動機の解明のために最低限のことを誌面に載せるにあたっても、掲載の意味をそのつど説明せねばならなかった。植松被告の障害者に対する許容できない考えを、そのまま社会に伝えるわけにはいかなかったからだ。本書刊行にあたっても、改めてまず編集部の見解を述べておきたいと思う。

その話に入る前に、事件後の植松被告の現在までの経緯について書いておこう。

事件が起きたのは2016年7月26日の午前2時頃だった。植松被告は車で津久井やまゆり園に乗り付け、女性職員がいる棟の窓ガラスをハンマーでたたき割って侵入。職員を脅して障害を持った人たちの部屋に次々と入っては殺傷行為を行った。各部屋の床は血の海になったという。

犯行後、3時頃に植松被告は車で津久井署に出頭、逮捕された。事件は一斉に報道され、日本中に衝撃を与えた。その後、事件前の2月半ばに植松被告が衆院議長公邸を訪れて、犯行を予告する手紙を渡していたことなどが判明。そこには「私は障害者470名を抹殺することができます」などと書かれ、また作戦内容として「見守り職員は結束バンドで身動き、外部との連絡をとれなくします」などと、実際に行われた犯行と同じ手口が明らかにされていた。

またその犯行予告後、警察と津久井やまゆり園が対応し、植松被告が措置入院させられたこと、3月2日に退院していたことなども判明し、退院させたことをめぐっても議論が起きた。厚労省に事件について検証し、対策を検討するチーム（正式名称は「相模原市の障害者支援施設における事件の検証及び再発防止策検討チーム」）が設けられ、9月に中間報告、12月には最終報告が公表された。

多くの人が事件について知っているのは、そのあたりまでだろう。その後の経緯を少し詳しくたどっていこう。

起訴直後に連日、新聞記者が面会

2016年9月21日から17年2月20日まで、植松被告は最初の精神鑑定を受けていた。その結果、「自己愛性パーソナリティ障害」との診断がくだされ、責任能力を問えると判断して横浜地検は2月24日、彼を起訴したのだった。

その直後、植松被告は続けざまに新聞記者との面会に応じた。起訴と同時に接見禁止が解かれたのだが、2月27日から連日、彼は取材に応じていった。27日は東京新聞、28日は朝日新聞、そして3月

1日に毎日新聞、2日に神奈川新聞という具合だ。

面会が行われたのは津久井警察署だが、それは1日1組と決められている。朝一番で各社が面会申し込みを行い、そのうち1社だけが認められる。彼が面会に応じていることはすぐに各社に知れ渡り、申し込みが殺到することになった。

混乱を避けるために記者クラブで調整がなされたようで、3月3日以降も共同通信、その後はテレビ局などと面会予定の順番が決まっていた。しかし、植松被告は4日間応じた後、5日目から記者との面会を拒否するようになった。弁護士からの指示があったようだ。

面会できた4社については、話した時間も短いうえに、植松被告があらかじめ用意した内容を話して終わりということだったようで、詳細は報じられていない。しかし、彼が謝罪したことだけは伝えられた。

例えば3月1日付東京新聞では、植松被告が「私の考えと判断で殺傷し、遺族の皆さまを悲しみと怒りで傷つけてしまったことを心から深くおわびします」と語ったことが報じられている。一部には彼が事件について反省していると受け取った人もいたようだが、そうではなかった。

その後の手紙によって改めて明らかになったのは、植松被告は事件については謝罪や反省をしておらず、犯行に踏み切った彼の思いは変わっていないことだ。彼が謝罪したのは障害者の家族などを事件に巻き込んだことに対してだった。

彼は2016年の事件の時も、侵入した津久井やまゆり園で、職員らには危害を加えるつもりはないことを告げており（実際には抵抗した職員などに暴力を行使しているのだが）、自分が何を標的にしているかについては明白な意思を持っていた。

事件後1年の2017年7月には新聞・テレビが一斉に特集を組んだのだが、植松被告から送られた手紙については「身勝手な主張を繰り返している」と報じられるだけで、その中身はほとんど紹介されなかった。

『創』が植松被告への取材内容を報じ始めた後は、10月にTBS『報道特集』が記者の面会内容を報じて話題になった。12月には、障害のある子どもを持つRKB毎日放送の神戸《かんべ》金史記者が面会し、植松被告とのやりとりをラジオで放送した。彼はその後も面会を続け、TBSの雑誌『調査情報』などでそれを報告している。障害のある子どもの親として衝撃を受けながら、報道に携わる者の使命として植松被告に面会してそれを伝える姿勢には、敬意を表したい。さらに植松被告はその後、手紙を送ってきた新聞・テレビの記者や、「津久井やまゆり園」元職員の西角純志さん、さらには障害者の家族や関係者、研究者などの面会にも応じるようになった。

植松被告は逮捕後、津久井警察署に身柄を拘束され、1回目の精神鑑定を受けている間は立川拘置所に移り、起訴された後に横浜拘置支所に身柄を移された。そして2018年3月6日に、今度は弁護側が申請した2回目の精神鑑定を受けるために立川拘置所に移っている。

本書刊行時点では週1回、水曜日か木曜日に拘置所内で精神鑑定を受けているが、これは3～4カ月続けられる予定だという。

なぜ2回も精神鑑定を受けることになったかといえば、恐らくそれが裁判で大きな争点になるからだ。通常の会話は問題なくできるし、犯した罪についての自覚もあるから、植松被告が責任能力ありと判定される可能性は高い。

しかし、それならなぜあのような凄惨な犯行に踏みきったのかと考えると、1年近く対話を重ねてきても理解は難しいのが実情だ。何らかの病気によると考えるべきなのか、ある種の偏った思想と考えるべきなのか。そこは裁判でも争点になるだろうし、精神医学をもってしても解明するのは極めて難しいだろうと思う。

この事件は裁判員裁判になることは明らかで、市民が務める裁判員の負担はかなりのものになると思われる。その彼らの負担を減らすためにも、公判前整理手続きで論点を可能な限り整理しておくことが必要だ。裁判前に精神鑑定が2回も行われているのはそういう事情からだろう。

最初の精神鑑定結果は「自己愛性パーソナリティ障害」

裁判で植松被告の責任能力が争点となることは間違いないが、刑法39条では被告が犯行時、心神耗《こう》弱《じゃく》ないし心神喪失であったと判断された場合は、それぞれ罪を減じたり無罪にすることが決められている。

それゆえ植松被告の精神鑑定の中身は重要なのだが、起訴前の鑑定では、彼に「自己愛性パーソナリティ障害」という診断がくだされている。「パーソナリティ障害」は精神障害ではない、責任能力はあるという診断だ。

例えば私がかつて12年間、密に関わった埼玉連続幼女殺害事件の宮﨑勤死刑囚（既に執行）の場合は、精神鑑定の診断が精神科医によって幾つにも分かれるという異例の事態となった。それだけ精神鑑定とは難しいものなのだが、社会的に大きな問題になった事件の場合は、最終的に裁判所が採用するのは「責任能力あり」と認定したものであることがほとんどだ。裁判所としては社会秩序の維持といったことを念頭に置いて裁きを行うから、どうしてもそうなるのだろう。

本書に収録した精神科医の松本俊彦さんと香山リカさんの対談でも語られているが、今回の事件での植松被告の考え方を「思想」と見るべきか「妄想」と見るべきか、つまり彼は精神障害なのかどうかというのは事件についての最大のポイントだ。ちなみに松本さんは、事件後に設置された厚労省の検証チームのメンバーでもある。

植松被告の主張は「思想」なのか「妄想」なのか。そう問いを立てた後、松本さんはこう語っている。

《病気であったとしても、妄想だとか言動も社会のいろいろなものを吸い取りながらなされるから、社会的問題だということは否定しないし、その通りだと思います。》

病気であったとしても、妄想も社会のいろいろなものを吸い取りながらなされる。これは示唆に富む指摘で、仮に植松被告が何らかの精神障害に冒されていたとしても、彼の主張や行動の背景にあるものを考えることは必要だ。何人かの識者も指摘しているように、植松被告の事件は、弱者を排除しようとする排外主義的な機運が世界中に広がっていることと無縁ではないような気がする。

植松被告は、トランプ大統領やイスラム国に何度か言及している。特にトランプ大統領については、言いにくい本音をストレートに表明しているとして共感しているようだ。そのあたりの彼の考え方と事件との因果関係がどの程度あるのかはわからないが、気になるところだ。

植松被告の障害者観はどのように生まれたか

そしてそのことに伴う次の大きな問題点は、植松被告の障害者観がいったいどういう体験を通じて彼の中に生まれたかということだ。この事件の衝撃はとりわけ、障害者施設の元職員が起こしたという事実だ。津久井やまゆり園の職員として仕事をしながら、植松被告の障害者観が、いつ頃、どう変わっていったのか。ここは裁判でも恐らく大きな論点になるに違いない。

『創』が植松被告の手記を掲載し始めて、多くの障害者やその関係者から手紙をいただいた。

例えば、こういうものだ。

《いわゆる障害者と一緒にいる職場でずっと働いてきたものとして、いちばん知りたいのは彼が何年間か一緒に時間を過ごしてきた事件の被害者たちを死んだ方がいいと思うようになった経緯です。彼が働き始めた頃に書いた文章を読んだのですが、若者らしい希望のある文章でした。
・その彼がなぜ、長い時間を一緒にすごした人たちを殺そうと思うに至ったのか？
・そう思い至るような「やまゆり園」の処遇があったのか？

・そして、地域で生き生きと暮らす重度の知的障害者の姿を見たことがなかったのか？
・長い時間、一緒にすごしたのに言語以外のコミュニケーションを使って、彼や彼らの思いを感じることができなかったのか？

などです。

ぜひ、篠田さんには彼との信頼関係をもとに、そこまで聞き出して欲しいです》

これはかなり本質的な疑問で、私も植松被告にはそのあたりの経緯を何度も聞いた。ちなみに文中にある「彼との信頼関係」というのは、取材対象とのコミュニケーションがとれているという意味で、決して私が植松被告の考えに同調しているということではない。取材過程でも私は、植松被告の考えはまちがっていると指摘し続けてきたし、本書に掲載したのは、彼とのそういう議論のプロセスだ。

これまで凶悪事件とされてきた幾つかの犯罪当事者に関わる経験がある私にとっても、相模原事件は二重三重の意味で衝撃だった。

事件直後から私は、現場となった津久井やまゆり園を訪れ、障害者などの集会や関係者のもとに話を聞きに行った。2016年8月3日に津久井やまゆり園を訪れてまず感じたことは、まさに「人里離れた」場所に、障害者を約150人も収容する大規模施設があり、しかもあまり知られていなかったという現実だった。

津久井やまゆり園は1964年に作られた施設だが、当時、日本では障害者の隔離政策がとられていた。その後、その政策は改められ、地域の中で障害者と健常者のコミュニケーションを図っていこうという考え方が一般的になっていく。「隔離から共生へ」という流れだが、津久井やまゆり園は、まさにそういう過去から現在に至る歴史を背負った施設だった。

最寄駅からは徒歩では遠すぎるし、バスも1日に何本かしか走っておらず、献花に訪れた人が最寄駅で途方に暮れている姿がよく目撃されたという。都会から離れた場所にそういう施設が作られていたこと自体が、日本において障害者がどんな位置に置かれてきたかを物語っていた。

とはいえ津久井やまゆり園は、地元では、地域の人たちとの交流も行い、コミュニケーションも図っていたようだ。その職員の募集に応募したのが植松被告と施設との関わりの始まりなのだが、彼は施設職員として働く過程で、犯行に至る独特の障害者観を持つに至る。いったい何が彼をそういう思いに追いやっていったのか。

事件がさらけ出した戦後の日本社会の矛盾

この事件が衝撃的なのは、単に死者が多かったからといったことではなく、戦後、日本社会が抱え込み、しかも敢えて直視してこなかったいろいろな問題を、パンドラの箱を開けるように引きずり出したことだろう。

一番大きな問題はもちろん、障害者がこの社会でどんな立場に置かれてきたかということだ。犠牲者がいまだに実名も公表されないのは、そうした障害者差別の歴史的背景を抜きには語れない。

そしてもうひとつ考えるべきは、例えば措置入院のあり方についてだ。精神障害の恐れのある者の犯罪については、前述した刑法39条の問題もあり、様々な議論がなされてきた。精神障害者の事件であることがわかった時点でマスコミ報道も途絶えてしまうため、実際にどういう対応がなされてその後、当事者はどうなったのかについてはほとんど闇の中だった。

植松被告についても、措置入院のあり方や退院手続きが適正だったかなど、当初問題になったのは記憶に新しい。その後、厚労省の検証チームが設置されてそのことの検討はなされている。植松被告を退院させたことに問題はないが、退院後の植松被告へのフォローがきちんとなされていなかったことなど、対応に問題があったことが報告書で指摘された。

2016年2月の衆議院議長公邸に届けられた植松被告の手紙によって、彼は犯行を予告していたにもかかわらず、その通りに犯行が行われるのを誰も止めることができなかった。これが大きな問題であることは明らかだ。しかも彼はこの間の発言で、具体的に犯行を決意し準備を始めたのが措置入院中だったことを明らかにしている。本書で精神科医の斎藤環さんが指摘しているが、措置入院が、彼が犯行に突き進む一つのきっかけになった可能性が高い。

平成の時代になって、精神鑑定が鍵になるような難しい事件が目につくようになった。前述した宮崎勤元死刑囚の連続幼女殺害事件もそうで、精神科医の見解が分かれたというのは象徴的なことだ。裁判所は死刑を宣告したことで「裁き」は行ったのだが、ではあの事件が「解明」されたかといえばそうは言い難い。

現在の司法システムではなかなか事件の解明に至らない事例が目につくのは、恐らく今の社会で犯罪が複雑化したことの反映だろう。相模原事件は裁判員裁判で裁かれる予定だが、まさに司法や社会の側の力量が問われることになると思う。

犠牲者が匿名であることをめぐる議論

この事件はそのほかにも様々な問題を社会に投げかけた。犠牲になった19人がいまだに匿名であるということも、深刻な事柄だ。

2017年7月14日、参議院議員会館で日本障害者協議会（JD）主催の集会が開催され、被害者家族の尾野剛志さんがスピーチした。その話はまさに犠牲者が匿名である問題に触れたものだった。

警察が今回は特例だと言って匿名発表にしたのだが、これも障害者に対する差別ではないのか。尾野さんがそう言った時、会場から拍手が湧きあがった。匿名問題は報道機関にとってだけでなく、障害当事者にとっても大きな関心事なのだ。その尾野さんのスピーチを聞いた後、『創』は尾野さんにインタビューして掲載し、本書にもそれを収録した。「ここで黙ってしまうと植松に負けることになる」という尾野さんの言葉は何度読み返しても胸を打つ。

事件から時間が経って、19人の犠牲者遺族のうち匿名ではあるが取材に応じる人が増えた。35歳で亡くなった女性の写真は新聞・テレビで公開された。名前は出せないが、娘の笑顔の写真をぜひ多くの人に見てほしいという親の意思によるものだという。また19人の犠牲者の遺族の中で、既に複数回、植松被告と面会を行っている人もいる。19人の「生きた証」を収録しようという試みはＮＨＫの取り組みや、元職員の西角純志さんらの活動によって続けられている。その西角さんの取り組みも本書に収録した。

事件直後にいろいろなところに足を運んだと先に書いたが、2016年8月6日、東大先端科学技術研究センターで開催された「『津久井やまゆり園』で亡くなった方たちを追悼する集会」での体験も忘れられない。

集会には約200名が集まった。様々な関係者からのメッセージが読み上げられたのだが、最初に読まれた犠牲者の姉の匿名のメッセージはこうだった。

《私は親に弟の障害を隠すなと言われて育ってきましたが、亡くなった今は名前を絶対に公表しないでほしいと言われています。この国には優生思想的な風潮が根強くありますし、全ての命は存在するだけで価値があるという事が当たり前ではないので、とても公表する事はできません》

あまりに重たい言葉だった。犠牲者が全員匿名であることについては、マスコミはもちろん、障害者団体からも違和感が表明されているのだが、実情はこのメッセージの通りだ。今回の事件がいかに障害者やその家族に恐怖心を与えたかを物語っているといえよう。この追悼集会を呼びかけた熊谷晋一郎・東大准教授も障害を持つのだが、「車椅子で街を移動していて、ふいに誰かに襲われるような恐怖心にかられることがある」と話していた。

NHKが行っているキャンペーン「19のいのち」のウェブサイトには、遺族の言葉が掲載されているが、前述した35歳の女性の遺族はこう語っている。

《いま思うことは、「ごめんね」というおわびの気持ちだけです。犯人への憎しみよりも、施設に預けた方が悪いという気持ちが強いのです。容疑者の「障害者は不幸を作る」という言葉には憤りを感じ、違うという気持ちは当然あります。でも社会の中にはそう考える人はいるし、それ以上に優しい人もいます。社会を変えなくてはと思うより、社会はそうしたものだと受け止めています。最近は家族の間で彼女のことを話題にしないようにしています。つらくなるからかもしれません。静かに過ごしたいため、このまま名前を公表せずにいることを望んでいます》

このほかにも《いつか名前を出して伝えたほうがいいという気持ちもあります。ですが、名前を出せば何か差別を受けるのではないか、誰かが家に押しかけてくるのではないかと、社会の反応が怖く、今はまだそういう心境にはなれないのが現状です》と語る遺族もいる。

日本社会の現実を思えば、この遺族の不安も理解できる。匿名問題は、障害者差別の深刻な実態を浮き彫りにしたといえる。

事件が急速に風化しつつあることへの危機感

課題はあまりにも多いのに、相模原事件から2年が経過するという現在、果たして議論や事件の解明がどれだけ進んだのかと考えると、絶望的にならざるをえない。

この2年間、この事件を追いながら、最も危機感を抱いたのは、日本中に衝撃を与えたこの事件が、にもかかわらず急速に忘れられ、風化しつつあるという現実だった。

事件を受けて厚労省の検証チームが作られたことは前述した。その報告を受けて、精神保健福祉法改正案が国会に提出されたが、２０１７年秋の衆院解散で審議未了のまま廃案になった。その法案の中身の評価は別にしても、日本社会は、この凄惨な事件が提起した問題に、今のところ何一つ対応策を打ち出せていないように見える。それどころか事件そのものが急速に風化しつつある。

いずれ裁判が始まれば、再び大きな報道がなされると思う。ただ裁判は植松被告をどう裁くか決めるのが第一の目的だ。責任能力ありという判断がなされれば、19人殺害という結果を考えて、死刑が宣告される可能性は高い。しかし、問題はその過程でどこまで事件が解明され、この社会が今後どう対応すべきか議論がなされることだろう。果たしてそれは、どこまで可能なのか。

犯罪とは、何らかの意味で社会に対する警告と言える。社会が今どんなふうに病んでいるのか、それを示した犯罪に私たちがどう立ち向かい、どんな対応をするのか。それまでの社会システムをどう改めて、悲惨な犯罪が起こらないように予防していくのか。この事件の投げかけた問題に、果たしてこの社会は応えることができるのだろうか。

それは単に裁判所にだけ課されたものではなく、社会全体の問題だ。事件解明のためにジャーナリズムに課せられた課題も大きいと思う。植松被告にアプローチしたのは、そんな思いからだ。彼の言葉を社会に公開することが、被害者や遺族に苦痛を与える側面もあるだろう。だから被害者や遺族にはあらかじめ謝罪しなければならない。また彼の犯行動機を解明し伝えることが、それを肯定するような人たちを勢いづかせることのないように細心の注意を払うことも必要だ。

しかし、それでもなお事件の解明のためには、植松被告が何を考え、なぜあの事件を起こしたのか、明らかにすることは必要だ。そんな思いからこの事件について考え続けてきたし、この本を出版することにした。

［追補］本書刊行にあたって、どういう目的でこの本を刊行するか、編集者の意図を詳しく説明することは不可欠だと思っていたから、以上の記述は初期の段階で用意したものだ。しかしその後、刊行までにはいろいろな動きがあった。

ひとつは旧優性保護法のもとで、障害者に対して強制不妊手術が行われていた事実が、手術を受けた人たちの告発によって、次々と暴かれていったことだ。優生思想が背景にあるという意味では、相模原事件とも根はつながっているように見える、強制不妊手術が、戦前といった昔の話でなく、20〜30年前まで行われていたというのは、衝撃的なことであった。この問題については本書に収録した精神科医の松本さんと香山さんの対談を参照いただきたい。

そしてもうひとつ付記しておきたいのは、本書刊行に対して、植松被告の言うことを本にするのはやめるべきだという出版中止の申し入れがなされたことだ。しかもそれをＮＨＫが夜9時のニュースで放送したことが大きな反響を呼んだ。

事件の真相を究明するために必要だと言っても、植松被告の発言をどう報道するかというのは、なかなか難しい問題だ。これは差別表現をめぐる問題とも似た側面があるのだが、この問題については、あとがきで詳しく触れることにしよう。

植松被告に動機を問う

植松聖被告が送ってきた獄中ノート

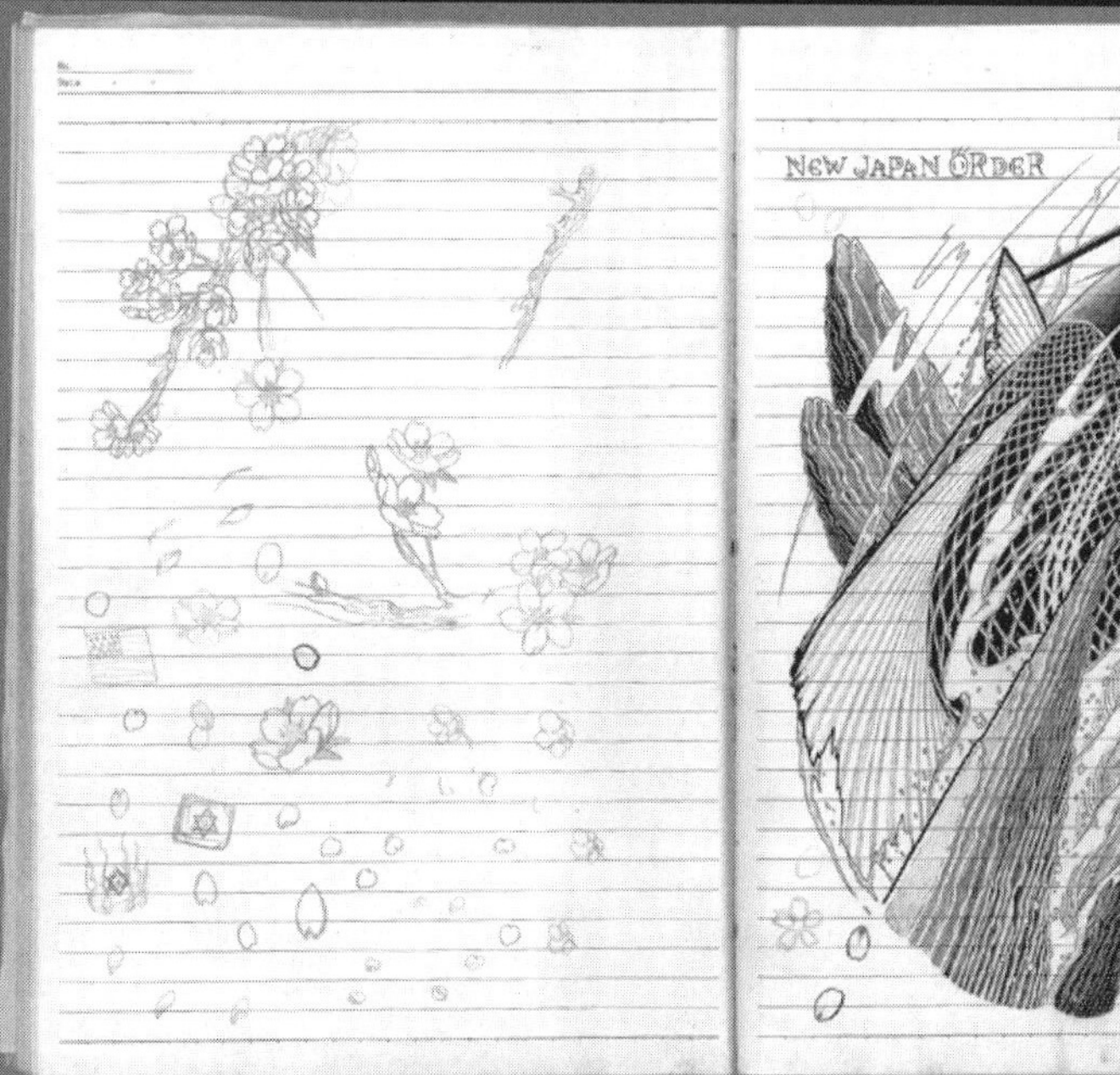

1 植松被告が面会室で語った ヒトラーの思想との違い

篠田博之
［『創』編集長］

面会室で植松被告は深々と頭を下げた

「遠方からわざわざおいでいただき、ありがとうございます」

植松聖被告はそう言って、面会室で立ったまま深々と頭を下げた。あの凶悪な事件を起こした犯人と思えないような丁寧な対応をするというのは聞いていた通りだ。

２０１６年７月26日未明、津久井やまゆり園に侵入して、障害者19人を殺害、多数に重傷を負わせた植松被告に面会したのは17年８月22日のことだった。

グレーのＴシャツを着てさっぱりした印象なのだが、報道されてきたイメージと印象が異なるのは、髪の色が違うからだろう。逮捕後の植松被告については、彼が送検時に車の中で不敵な笑いを浮かべた映像が何度も公開されたが、あの金髪が強い印象を与えているようだ。髪の色が黒くなった植松被告は、ごく普通の若者という感じで、街中に現れても周囲の人は彼だと気づかないだろう。

「髪を染めていたのを黒に戻したの？」

そう尋ねると彼はこう答えた。
「いや、伸ばしたままにしているだけです。だから後ろの髪の先のほうはまだ前のままなんです」
そう言って首をひねると、後ろで束ねられた髪の先が確かに金髪だった。
以下、その日、植松被告と交わした会話を再現しよう。メモをもとにまとめたものだ。

――君の障害者に対する考えは、優生思想、ヒトラーの考えと同じだとよく言われているけれど、君自身は手紙で、それは違うと言っている。だからヒトラーと君の考えのどこがどう違うのか確かめたい。君は2016年2月に津久井やまゆり園で職員らと話をした時に、「それじゃヒトラーと同じじゃないのか」と言われ、それを覚えていたので、措置入院の時に「ヒトラーの思想が降りてきた」と語ったという。それで間違いない？

植松　その通りです。もともとヒトラーがユダヤ人を殺害したのは知っていましたが、障害者をも殺害していたことは知らなかったんです。その時、職員から初めて聞きました。

――措置入院の時に「ヒトラーの思想が降りてきた」と言ったのはどういう意味だったの？

植松　それほど深い意味を考えて言ったわけではありません。
今ちょうど『アンネの日記』を読んでいるのですが、ヒトラーと自分の考えは違います。ユダヤ人虐殺は間違っていたと思っていますから。

――じゃあナチスが障害者を殺害したことについてはどう思うの？

植松　それはよいと思います。ただ、よく自分のことを障害者差別と言われるのですが、差別とは違うと思うんですね。

――君は津久井やまゆり園で起こした事件については、今も間違っていたと思っていないわけね。

植松　安楽死という形にならなかったことは反省しています。

――つまり死を強制してしまったことね。でも殺されるほうは同意するわけがない。今『アンネの日記』を読んでいると言ったけど、君の優生思想と言われる考え方については、いろいろ調べたりしているの？

植松　鑑定のために一時、立川署にいたのですが、その時はいろいろな本を読みました。医療関係の本とかですね。

――精神医療ということ？

植松　延命治療とか安楽死とかについてです。

――ああ、そういうことか。君は精神鑑定で「自己愛性パーソナリティ障害」と診断されたけど、それについてはどう感じているの？

植松　指摘されたことについては、ああそういうこともあるのかと、自分の欠点を指摘されたと思いました。ただ、それを「障害」と言われると違うと思います。

――鑑定は君の責任能力を見るために行われたわけだけれど、君は2016年2月に衆議院議長に届けた手紙で、心神喪失という診断で無罪にという話を書いていた。今回の鑑定では責任能力ありと診断されたわけだけれど、そこのところはどう考えているの？

植松　あの手紙のその部分については、そこまで深く考えて書いたわけではないのです。

送検の時の車内での「不敵な笑い」

――君は自分のことがどう報道されているかある程度は知っているのだと思うけれど、テレビは見ているの？

植松　テレビは見ていません。

――じゃあ送検の時の「不敵な笑い」と言われた君の表情については動画では見てないの？

植松　それは新聞で見ました。まずかったなあと反省しました。

――「不敵な笑い」と言われても自分ではそんなつもりはなかったと。

植松　はい。

――取材陣が殺到する異常な光景を見て思わず笑ってしまい、「不敵な笑い」と言われるのは、こういうケースでよくあることだよね。君は今のところマスコミとの面会は拒否しているけれど、友人や家族とのやり取りはできているわけでしょう。

植松　はい。

――2016年、措置入院から退院した後、両親と一緒に暮らすと言っていながら、実際はまたそれまでと同じ家に戻って一人暮らしを始め、それが君へのフォローができていなかったひとつの理由と、厚労省検証チームの報告でも分析されていたけれど、あの時はどうしてそうしたの？

植松　別に深い理由があってそうしたわけではありません。

――君は退院の後、友人などに、障害者を安楽死させるという話を語って驚かれていた。君のその考えが拒絶されたことについてはどう考えていたの？　同意する人はいなかったでしょう。

植松　いや、そうでもありません。確かに拒絶する人もいましたが、理解はしたうえで、でもそれは法律上許されないからという人もいました。自分としてはそう指摘されて、それなら法律を変えなくてはいけないと思いました。

――でも君の考えに同意する人はいないと思うけどなぁ。

植松　自分の考えをきちんと説明すればわかってくれる人もいると思っています。

――いたとしてもごく少数だろう。

植松　いやきちんと説明すれば半分くらいの人はわかってくれると思っています。

――半分はいないでしょ。

植松　逮捕されてからもいろいろな人にこの話をしていますが、皆聞いてくれています。

植松被告が、自分の主張をきちんと説明すればわかってくれるだろう人を「半分くらい」と言ったことに対しては驚き、「いやそんなにいないだろう」と少し応酬になった。

半分はいくら何でも多いだろうが、それは私が「君の考えは周囲にはほとんど同意されなかったはずだ」と強調したので、彼も反発して強気の発言をしたのかもしれない。植松被告は、ある程度は自分を客観視できる力を備えていると思うのだが、この「半分くらい」については、主観的にそう思い込んでいるのか、現実はそうでもないことを認識しながら敢えてそう言っているのか、よくわからない。

2 植松被告から編集部へ送られた手紙

篠田博之

2017年7月、植松被告は様々なマスコミに手紙を送っていた。その内容はほとんど報道されずに「身勝手な主張を繰り返している」と紹介されたのだが、それは事件を起こした当時と彼の考えが変わっていなかったからだ。2016年2月に衆議院議長公邸に届けた手紙ほどおどろおどろしくはなかったが、趣旨は同じだった。

植松被告は、意思疎通のとれない人を「心失者《しんしつしゃ》」と呼んでいた。その「心失者」なる概念自体の歪みについては、本書第2部で最首悟《さいしゅさとる》さんらが批判しているが、ここでは植松被告の思想あるいは妄想の全体像がどういうものか理解するために、2017年7月21日付の手紙を紹介しよう。差別的な内容だが、事件の動機となった植松被告の考えを理解するために、敢えて引用することをご容赦いただきたい。

問題は、植松被告が津久井やまゆり園で「3年間勤務することで」その考えに至ったと書いていることだ。具体的に、どんな体験を経てそんな考えに至ったのか。その質問を、後に彼に重ねていくことになるのだが、そのやりとりは後述する。

●意思疎通がとれない人間は…（17年7月21日消印の手紙）

《先日は『創』を差し入れて貰い誠にありがとうございました。精神科医や障害者に係わる皆様のお考えを大切に拝読しました。日本の常識を考える機会をいただきましたこと心より感謝を申し上げます。この度は、私の考えを手紙に書かせていただきました。お手数をおかけしてしまい大変恐縮ではございますが、一度お目を通して貰えましたら幸いです。

私は意思疎通がとれない人間を安楽死させるべきだと考えております。私の考える「意思疎通がとれる」とは、正確に自己紹介（名前・年齢・住所）を示すことです。

世界人権宣言第一条には「すべての人間は産まれながらにして平等であり、かつ尊厳と権利とについて平等である。人間は理性と良心とを授けられており、互いに同胞の精神をもって行動しなければならない」とあります。

まさに仰る通りですが、世界には〝理性と良心〟とを授けられていない人間がいます。人の心を失っている人間を私は心失者と呼びます。

私の考えるおおまかな幸せとは〝お金〟と〝時間〟です。人生は全てに金が必要ですし、人間の命は時間であり、命には限りがあります。重度・重複障害者を養うことは、莫大なお金と時間が奪われます。

彼らには多種多様な個性がございます。

何もできない者、歩きながら排尿・排便を漏す者、穴に指をつっこみ糞で遊ぶ者。奇声をあげて走りまわる者、いきなり暴れ壊す者、自分を殴り続けて両目を潰してしまった者。ご飯が気に入らないとひっくり返す者、食べ続けてとてつもなく身体のでかい者、水を飲み続けて吐いてしまう者。大半は水虫やたむし等の皮膚病をもっております。

我が子を否定することは親である人の立場からすれば、まるで自分自身を否定されたかのように錯覚されることもあると思いますが、それは完全な誤解であり、どんなに優れた人間でも重度・重複障害者を産む可能性はあります。

現代の医療でも出産前に障害をもっている〝確率が高い〟ことは分かります。しかし、その時点で重度・重複障害者と確定されたわけではなく、そこで我が子を殺す選択ができないのが現実です。

無条件で命を救うことが人の幸せを増やすとは考えられません。天人合一という言葉がございます。自然界の法則はとても良くできていて、人間界、社会の法則は一致するのが理想という意味です。》

《私は支援をする中で嫌な思いをしたことはありますが、それが仕事でしたので大した負担ではございません。しかし3年間勤務することで、彼らが不幸の元である確信をもつことができました。

障害者施設の真の目的は薬品や高額な医療機材等を消費させることです。商売人は感情があることを大義にしておりますが、全ての生き物に感情はあります。

例えに花は優しく声をかけると奇麗に咲きますが、それは喜びの現われであると考えられます。感情があることは人間の定義にはなり得ません。

私はユダヤ人や黒人を見下し差別することはございません。ナチスの優生思想や現代の共生社会は物事の本質を考えることなく短絡的な思考に偏り、人間の尊厳や定義が蔑《ないがし》ろにされております。

一、自己認識ができる。

二、複合感情が理解できる。

三、他人と共有することができる。

これらが満たされて人間と考えられます。

勉強不足の至る所で日本の裁判に詳しいことが分からないのですが、たしかに責任能力の無い人間は罪を償うことができません。しかし、それは罪が軽くなる理由になるはずもなく、心の無い者は即死刑にするべきだと考えております。

私は、戦争は幸せが足らずに生まれる行為であると考えました。この度は本当にせん越ではございますが、より多くの人間が幸せに生きる為に7項目の秩序を提案させていただきます。》

この後、植松被告は「7項目の提案」なるものを箇条書きしている。その内容を彼は何度もマスコミに送り付けているのだが、それについては長くなるので後述しよう（P84参照）。

植松被告の提示した「心失者」なる概念について私からは次のような質問を返した。

《前回のお手紙で、あなたの考え全体はわかったのですが、気になるのは、あなたは津久井やまゆり園での職員としての仕事を通じて、そういう考えに至っていったわけですね。一般的に言われるのは、障害者と接している人たちは、世間の人と違って身近に接しているがゆえに障害者に対して愛情が生まれるということなのですが、あなたは障害者と接していった結果として逆というか、今のような考えに到達していったわけで、それはどういうきっかけでそう思うようになったのでしょうか。あるいはいつ頃からそう思うようになったのでしょうか。》

それに対する植松被告の答えは次のようだった。

●障害者施設における職員と利用者の関係（17年7月25日付の手紙）

《篠田先生の言われる「一般的」とは精神科医や障害者協議会の主張と思いますが、障害者施設や精神病棟など、閉じられた施設において管理する職員と利用者の間には支配・被支配の関係が構築されやすいことが指摘されています。

アメリカの社会学者E・ゴッフマン氏が著書『アサイラム』の中で障害者施設などを「全制的施設」と呼び、その構図を説明しております。こうした施設の現場ではたびたび暴行事件が起きていることも報道されています。

篠田先生は精神科医と親しい関係にあると思います。皆様のお人柄はそれぞれ異なると思いますが、「精神科医」はゴミクズです。その証拠に日本はウツ病と自殺者であふれております。

「医者」と聞けば立派な人間と思い込んでしまいますが、精神科医は善人のフリをして毒（精神薬）をばら撒きます。製薬会社と政治家は2コ1で、自分達の金もうけしか考えていません。

日本の借金は一千兆円ですが、この金は政治家とその周囲の人間に分配されております。意思疎通がとれない人間は、彼らにとっては大切な商品なのです。》

《この度は大変せん越ではございますが、私の考えと共に私の描いた絵を同封させていただきました。私は人間性が未熟であり容姿も歪《いびつ》な為に人を不快にすることもあると思います。せめて少しでも奇麗な絵を描くことで私の考えをお伝えする助力になれば幸いです。

暑い日が続いておりますので、お身体をご自愛下さいませ。》

同封されていたイラストは次ページ以降に掲載した。

彼が言及した『アサイラム』は、ネットで検索するとかなり専門的な本だった。そんな本を植松被告は読んでいたのかと思い、面会時に尋ねてみると、「記者に聞いたんです」との返事だった。

前の面会で、植松被告が『アンネの日記』を読んでいると言ったのにも驚いたが、実はそれはTBSの記者が差し入れたものだったことがわかった。植松被告の手紙には、後にカフカやカントの本の話も出てくるのだが、いずれも差し入れられたので読んだということだ。自発的に読んだ本と差し入れがあったから読んだというのでは意味合いが違う。

「今どんな本を読んでいるのか」というのは多くの記者が彼に尋ねているようだが、実態以上に意味を持たせて考えてしまわないように、ひとつひとつ確認する必要がある。ただ、植松被告が『アンネの日記』の後、同じ記者が差し入れた『夜と霧』も読んだことには意味があると思う。少なくともヒトラーのユダヤ人虐殺については、彼は知ってみたいという気持ちがあるわけだ。

次の手紙で「君のその考えは結局、ナチスの優生思想と同じじゃないか」と改めて批判した。それに対して植松被告は手紙でこう答えてきた。

●優生思想と私の主張は違います（17年8月2日付の手紙）

《同封してもらいました「ドキュメント死刑囚」を拝読させていただきました。宮﨑勤に関して執行までに12年かかっているわけですが、1食３００円として食費だけで12年間で４３２万円の血税が奪われております。意思疎通がとれない者を認めることが、彼らのような胸クソの悪い化け者を世に生み出す原因の一つだと考えております。

第二次大戦前のドイツはひどい貧困に苦しんでおり貧富の差がユダヤ人を抹消することにつながったと思いますが、心ある人間も殺す優生思想と私の主張はまるで違います。》

冒頭の『ドキュメント死刑囚』云々は拙著を送ったことへの返事だが、執行までに12年というのは植松被告の勘違いで、12年は私が宮﨑死刑囚と接した年月だ。実際には逮捕から執行までは20年近く費やしている。

実は拙著を送ったのは、死刑囚の現実について植松被告に知っておいてもらったほうが今後のためだという思いからだった。彼が裁判で死刑を宣告される可能性が高いからだ。でもそれに対して彼が、

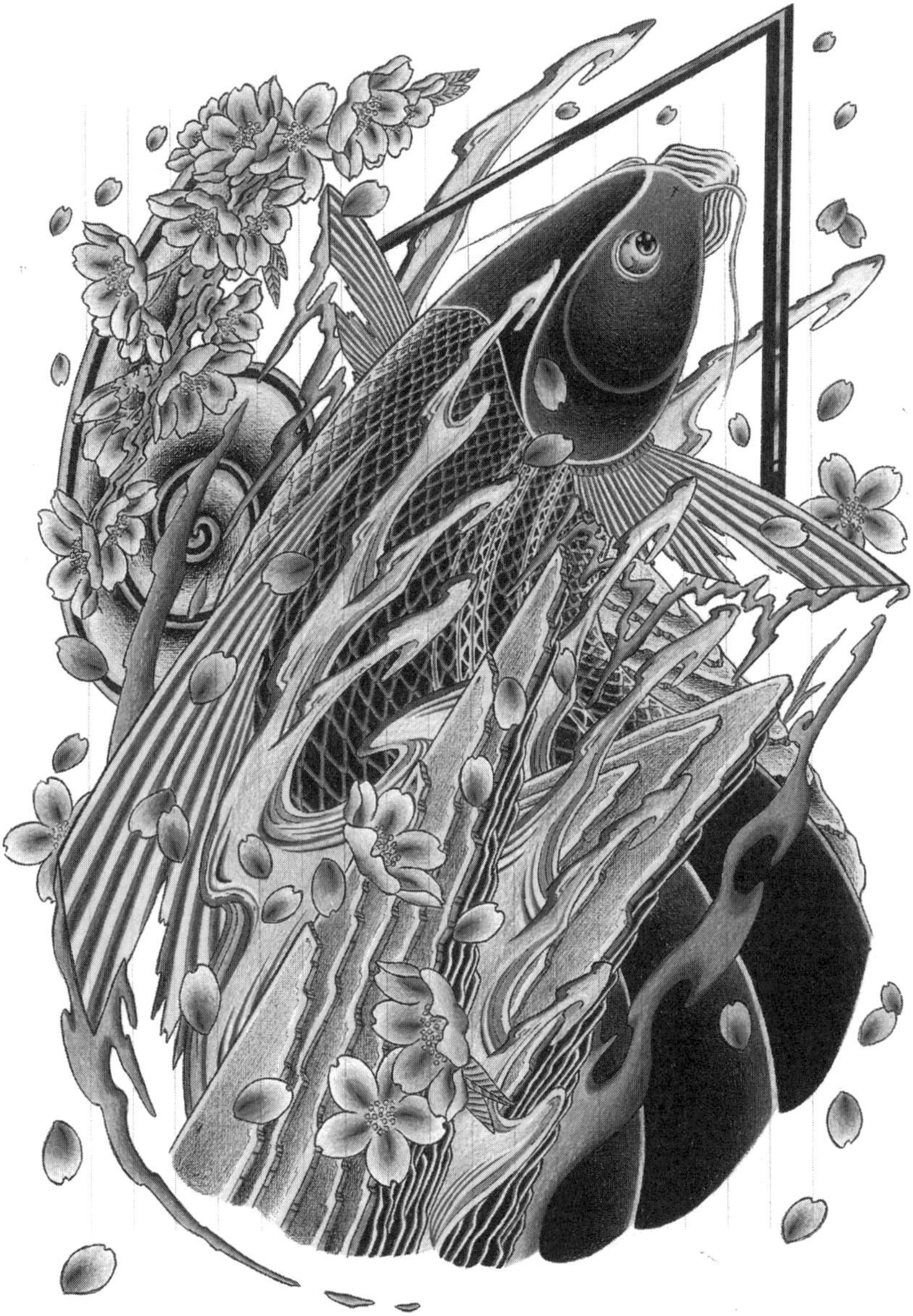

植松被告が描いた鯉のイラスト。背びれが切れているのは困難の中を進むというイメージだという

死刑囚の刑の執行をも早くしないと税金の無駄だと主張したのには驚いた。

　彼は自分もこのままでは死刑囚になるかもしれないという認識があまりないのか、それともそれをわかったうえで「死刑囚の刑の早期執行を」と言っているのか、よくわからない。

　いったい彼は、人の死、あるいは自分の死についてどう考えているのか。それについてのやりとりは次の項で紹介しよう。

植松被告が描いた龍のイラスト

3「どの命も大切だという考えはないの?」という問い

篠田博之

「死」または「死刑」についての議論

植松被告は「意思疎通のとれない人間」を「心失者《しんしっしゃ》」と呼び、心失者は生きていても仕方ないと主張する。それが障害者を殺傷した動機でもあるのだが、同時に死刑を宣告された死刑囚についても、税金の無駄なので早期に執行すべきと主張する。このままであれば彼自身も死刑を宣告される可能性があるのだが、自分の死については、彼はいったいどう考えているのか。

また植松被告は、障害者を殺傷したことは正しかったと言いながら、被害者の家族を悲しい目にあわせたことは本意ではなかったと謝罪している。ナチスの大量虐殺についても、障害者を虐殺したことは正しかったが、ユダヤ人虐殺は誤っていたという。しかし、そういう線引きは果たして可能なのか。大切だと認める命と価値がないという命をどう区別するのか。そんな疑問をこの間、植松被告に手紙や面会でぶつけてきた。

まず２０１７年9月5日に植松被告に面会した時のやりとりの一部を紹介しよう。

――君は、津久井やまゆり園に侵入した時、抵抗した職員に向かって、自分も命を賭けているんだと言ったそうだけど、この事件で死刑になる可能性があることは理解しているわけね。

植松　はい。

――死刑になるかもしれないと覚悟してやったわけだ。

植松　最初はそういう先のことまで冷静に考えて行ったわけではないのですが、今はそうなるのかなと思っています。

――君は2月に接見禁止が解除された直後にマスコミの取材を受けて、事件の被害者家族に謝罪をしたけれど、家族には申し訳ないと思っているわけね。

植松　そうです。

――でも障害者への気持ちは今も変わらない。そこがわかりにくいのだけれど、どの命も大切だという考えはないの？

植松　いや、そこは全然違うと思います。

●「死」についてどのようにお考えでしょうか（17年9月5日付の手紙）

面会したその日に、植松被告はすぐに手紙を書いたようだ。9月5日付の手紙でこう書いてきた。

《本日も遠くまで面会に足を運んで頂きまして、誠にありがとうございました。

この度の面会で、篠田先生の言われました最後の質問は、とても考えさせられました。そして、上手く言葉にしてお伝えするには難しい内容ですが「人間が幸せに生きる為に、心の無い者は必要ない」と、考えております。》

命が大切だという点では、どの命も同じじゃないのか、どうやって区別するのか、と前回の面会で私は植松被告に強く尋ねたのだが、それについて彼は「とても考えさせられました」と書いていた。少なくとも彼が考えようとしてくれたことは良かったと思った。でも結論は変わらない。しかも死刑囚についての他人事ふうの言及をみていると、自分自身にも死が宣告されるかもしれない現実をどう考えているのか、よくわからない。

「命」や「死」についての植松被告とのやりとりは続くのだが、例えば一つ前の8月26日付の手紙で彼は「死」についてこう書いていた。

《私の推測では、これから日本は戦争の中心となり、その戦火で私は死ぬと考えています。残念ではありますが、命を賭けた結果ですので、死を受け入れてはいます。

篠田先生は「死」について、どのようにお考えでしょうか。私は十中八・九「無」だと思っています。

終わりが無なら、がんばっても意味が無いと考えることもできますが、それでは〝人間〟として生まれた幸運を無駄にしてしまいますし、分からないことを考えても仕方がありませんので、自分ができることを精一杯がんばります。》

末尾に「植松聖」と署名した後で、彼はこんな引用を付け加えていた。

《「現実を見ろ」と人は言う。しかしそれは、絶対にたやすいことではない。特に組織の〝自転〟の中では、それは不可能に近いことであろう。

人に本当の現実が見えるのは、一瞬「我に帰った」ときだけかもしれない。「我に帰る」。すると急にすべてが、どうみてもおかしい。

——一下級将校の見た帝国陸軍より》

4 被告が語った津久井やまゆり園での仕事

篠田博之

2017年10月3日に植松被告に面会したのは、ちょうど解散総選挙で世の中が大騒ぎになっている時期だった。植松被告は、新聞を購読しておらず、毎日流れるFM横浜のラジオによって世の中の動きを把握しているという。そしてこう言った。

「選挙の話は茶番だと思います」

その日はアメリカのラスベガスで無差別発砲事件の起きた後だった。

「昨日アメリカの事件のことを聞いて、怖ろしいなと思いました」

「そのニュースも聞いたわけね。でも君の事件も怖ろしいと思うけど」

私がそう言うと、植松被告は苦笑した。

植松被告とはこの間、「死」や「命」の問題のほかに、面会でひとつの問題をずっと議論してきた。障害者施設で働きながら、なぜ彼は障害者を安楽死させるべきといった考えにとりつかれるようになったのか。何を目にしたことが、どういう体験をしたことが、彼をそこへ追い込んでいったのか。そういう問題だ。

10月19日の接見で植松被告と交わした会話を、以下紹介しよう。

施設職員の仕事を大変と思ったことはない

――君は大学を卒業してすぐに津久井やまゆり園に就職したんだっけ？

植松　いえ、最初は運送会社に就職して、そこに10カ月くらいいました。

――そこで、津久井やまゆり園が求人募集しているのを見たの？

植松　友人が教えてくれました。

――もともと教員志望だったのだよね。

植松　はい。以前はそうでしたが、その後、これは自分にできることではないなと思い、あきらめました。

――そうすると、津久井やまゆり園に勤めようと思ったのは、教育の仕事に就きたいという思いとは違うわけ？

植松　仕事も楽だし、良い職場だと思って受けました。

――当時は、障害者の世話をすることについては前向きに考えていたということ？

植松　特に何か強い思いがあってということではなかったですね。

――障害者施設の職員の仕事は大変だと思うのだけど、それは理解していたわけなの？

植松　大変と捉えるかどうかは人によって違うと思いますが、私はそう思ったことはありません。

むしろ楽な仕事だと思っています。

――津久井やまゆり園の労働条件や待遇に不満があったわけではない？

植松　全くありません。むしろ障害者施設の中では働きやすいところだったと思います。例えば「見守り」という仕事があるのですが、本当に見ているだけですから。

――でも言うことを聞いてくれない障害者もいたわけでしょう。

植松　もちろんいました。でも暴れた時は押さえつけるだけですから。

――じゃあ君はそういう仕事自体に疑問を感じたというのではないわけね。

植松　はい、そういうことは全くありません。ただ彼らを見ているうちに、生きている意味があるのかと思うようになったのです。それは現実を見ていればわかることだと思います。

――障害者施設のあり方をめぐっていろいろな議論があるのは知ってるよね。君が起こした事件の後、津久井やまゆり園の建て替えをめぐって、ああいう大規模施設がよいのか、もっと小規模施設に分散した方がよいのか大きな議論になったことは知っている？

植松　建て替えと聞いて、何をやってるんだ、そんな金がどこにあるのだと思いました。

――ん？　どうすればよいということ？

植松　安楽死すべきだと思ってますから。

――あ、そういうことか。でも現実に入所してる人がいるわけだからそんなわけにいかないでしょ。

施設職員の「仕事」とは何なのか

面会で植松被告が、津久井やまゆり園の仕事は楽だった、何の不満もなかった、と強調したのにはひとつの理由があった。『創』に植松被告とのやりとりを載せ始めて、たくさんの人から意見をいただいた。その中には障害者施設関係者からのいろいろな指摘もあった。施設職員として仕事をしながらどうして植松被告があのような考えになっていったのか、というのは多くの関係者の切実な疑問だった。その中には、植松被告は津久井やまゆり園の処遇や仕事に不満を持っていたのではないかという意見もあった。

そういう指摘があったことは、植松被告にも伝えていた。だから面会の時に彼は、そうではない、楽な仕事だった、と強調したのだった。でもこうした植松被告の施設職員としての仕事観にこそ、大きな問題があるという指摘もあった。例えば『創』編集部を訪ねてきてくれた金沢大学名誉教授の井上英夫さんはこう語っていた。

「植松被告の発言の中に、やまゆり園の仕事は楽だった、仕事は『見守り』で良かったから、暴れたら押さえつければ良かった、というのがあったでしょう。でも本当はケアの仕事は『見守り』では足らないのです。どんなに重い人にでも尊厳に値いする生活すなわち自己決定に基づく生活を保障する。自己決定できないとして突き放すのではなく、大前提として意思確認をとことん追求し、自己決定できる力をつけなければならない。ただ見ているだけじゃないんですよ。施設は人権保障の場であり、そこで働く職員は人権保障のにない手です。楽だからその仕事に就いているというのでは本当はいけないんです。職員には研修もなされていたと思うのだけれど、そのことが本当にきちんとやられていたかが問題ですよね」

専門家ならではの指摘に、大事なことを教えられたと思った。恐らく現実には、楽な仕事で給料が比較的良いという状態にしないと、なかなか職員募集に応募する人も少ないのだろう。ただ入所者と職員のあり方がどうだったのかというのは、事件の背景にある本質的な問題であるような気がする。

ちなみに井上さんは何人かの大学教授と協力して津久井やまゆり園の事件についての調査研究に取り組んでおり、2018年5月に開かれた日本社会保障法学会でその問題を取り上げた。学会でこうした個別の事件を取り上げるのは極めて異例だという。

16年2月頃、周囲に自分の思いを語っていた

10月3日の面会でも私は、植松被告に、津久井やまゆり園で障害者のどういうところを見て、あのような考え方をするようになったのか、と尋ねた。それに対する彼の答えはこうだった。

《例えばプチ葬儀というか、利用者で亡くなった人がいるとお葬式をするのですが、その時に、他の利用者が亡くなっているのに、「おやつは?」とか言っている者がいるんです。》

植松被告がいったいいつ頃から、何を契機にしてそんなふうに考えるようになったのか。本人に訊くと、「いつからというわけでなく、徐々にそう思うようになったのです」と言う。

彼が犯行を決意した文書を衆議院議長のもとへ届けたのは２０１６年２月半ばだ。その頃のことを私は彼にもっと思い出してほしいと言い、彼は手紙にそれを書いてきた。トランプ大統領候補（当時）の演説をテレビで見て共感を覚えたというのもその２月頃のことのようだ。彼の書いた手紙の一節を紹介しよう。

《そんな想いの最中、やまゆり園で勤務している時に、ニュースでＩＳＩＳの活動と、トランプ大統領候補の演説が放送されていました。

私はネットでＩＳＩＳの拷問を観たことがあります。手足を縛り戦車で踏み潰し、檻に閉じこめてプールに沈め、首に爆弾を巻きつけて殺す動画です。彼らの表情が脳裏に焼きついています。

トランプ大統領は事実を勇敢に話しており、これからは真実を伝える時代が来ると直感致しました。漠然と時代の変化を感じる中で職員と雑談している時に、深い考えもなく「この人達を殺したらいいんじゃないですかね？」と声にしました。

何気なく出た言葉でしたが、心失者の実態を考えれば彼らを肯定することはできませんでしたし、考えを深める程、全ての不幸の源と分かりました。

４人の職員に考えを打ち明けましたが、１人は「ダメだよ」と言うだけで理由は挙げられず、もう１人は「ヒトラーと同じだ」と反論しますが、心を尊重する私の考えとはまるで違います。

２人は「法律が許さない」と言われましたが、それならば法律が間違っているだけです。》

植松被告はその時期、４人の職員に自分の考えを打ち明けていたのだった。

5 何が植松被告を事件に追いやったのか

篠田博之

措置入院中に決行を決めた

植松被告に面会や手紙で取材を重ねる中で、いろいろなことがわかってきた。例えば事件後の会見で、津久井やまゆり園側は、植松被告が2013年頃に、入所者の手に黒いペンで時計をいたずら書きしたという話を披露していた。そこから植松被告が事件を起こす3年も前から障害者に対して敵意のようなものを抱いていたのではないかという理解がなされていたように思う。でも、本人に確認すると、その落書きの件と、彼の事件を結びつけるのは誤りだということだった。

「時計は覚えていないのですが、入所者の手の指に人の顔を描いたのは覚えています。後で他の職員が見つけたようで、『誰が書いたんだ』と大騒ぎになりました。でもそのいたずらは、事件につながる私の考えとは直接関係がないのです」

植松被告はそう語った。彼が職員の仕事をしながらどうしてあのような考えに至っていったのかについて何度も質問を繰り返し、それに対する答えを聞いていると、障害者の殺傷に至る想念が彼を支配していくのは、何年も前からではないような気がする。16年1月ないし2月には、植松被告は周囲の職員にそういう話をするようになったことは前述した。具体的に他の職員とどういうやりとりがあり、それは施設の中でどう処理されていたのかは大事な問題だが、同時にそもそも彼は何らかの精神的変調に陥ってそうなっていったのかどうかという疑問もいまだに晴れていない。つまり彼は２０１６年に入った頃から何かを発病ないし発症したのかもしれないという疑問だ。これはこの事件を考えるうえでとても大事な問題なのだが、第3部の精神科医の議論で改めて考えることにしよう。

そしてもうひとつ、17年11月21日に彼に面会した時、措置入院から犯行へと突き進む経緯を聞いたのだが、ここでも幾つかの重要な問題に突き当たった。16年7月26日未明の凶行については、２月の衆院議長への手紙で表明していたとはいえ、具体的に決行を決意したのは、その後の措置入院中であったという。

退院後、彼はもう決行を決めていたので、新たな仕事を探すこともせず、生活保護で生計を立てながら準備を進めていったという。

2月15日に衆院議長宛の手紙を渡したことによって、警察の知るところとなり、植松被告が呼ばれて津久井やまゆり園側と話をしたのは2月19日だった。その場で彼は退職となり、待機していた警察官に保護され、所定の手続きを経て精神病院に措置入院となった（入院決定の主体は相模原市）。その病院の検査で大麻が検出されたのだった。

実は措置入院から事件までの経緯については、16年9月14日に公表された厚労省の検証チームの

「中間とりまとめ」がかなり詳しく報告している。措置入院や退院の経緯、退院後のフォローのあり方などを検証し、対策を検討することは、このチームの重要課題だった。なぜならば、果たしてどうすればあの事件を防げたのかというのが、まさに社会に突きつけられた課題であるからだ。

措置入院当初の暴力は歯ブラシが原因だった

記録によると、植松被告は退院時に、今後は八王子市に住む両親と一緒に暮らすと述べていたため、彼が実際に生活していた相模原市のフォローは不十分になったらしい。退院後は通院することになってもいたが、植松被告は途中から通院もすっぽかすことになった。

彼が両親のところでなく、津久井やまゆり園近くの自宅に再び戻っていたことを相模原市が把握するのは、植松被告が生活保護を申請したためだった。担当部署の職員が彼の自宅を訪れ、植松被告の話を聞いている。しかし、植松被告は、接してみると別に異常な感じはしない。不審に思われることもなく、生活保護も認められたのだった。

退院後、植松被告をもう少しケアすることはできなかったのかというのは反省点として出され、その後、先の国会で精神保健福祉法改正案が審議されたのだが、成立しないまま、解散によって廃案となった。それゆえ、結局、事件の後、様々な検証・検討がなされたにもかかわらず、凶行を防ぐためには何が可能だったのかという結論も対策もなされていない。

前述した「中間とりまとめ」には、植松被告は、措置入院になった2日後の16年2月21日、「隔離室のドアを蹴る、スタッフに対して大声を出す等の粗暴行為が認められるようになったため隔離処遇を継続（その後も同様の粗暴行為は認められた）」と書かれている。これについても11月21日の面会の時に聞いてみた。植松被告の説明はこうだった。

「それは歯ブラシを持ってきてほしいと言ったのに、認められなかったからです。結局、何日か後に認められましたが」

歯ブラシは恐らく凶器になる可能性があるとして認められなかったのだろう。そもそも措置入院自体、「念のためにこういう措置をとるだけだから」という説明で、植松被告も当初は十分に状況を理解できていなかったという。ただ彼はすぐに、早急に退院するためにはどう行動したらよいかを学習したようだ。

2月26日には粗暴行為が認められなくなったとして、隔離の部分開放時間が設けられた。続いて29日には隔離解除。「精神症状の消失が継続し、逸脱行為も無ければ、措置症状が消退したと判断する方針が決定」された。そして3月2日、入院措置の解除が決定されたのだった。

退院時点では通院の意思があることを話した植松被告は、3月24日、31日と外来受診。次の受診予約を5月24日にしていたが、それを6月28日に変更し、結局、その日の受診には訪れなかった。その過程で3月30日、福祉事務所の生活保護担当職員が相模原市の自宅を訪れ面談。4月4日に生活保護支給が決定する。

その後は何のフォローもなされないまま、植松被告は事件へ向けてひた走ったのだった。衆院議長宛に届けられた手紙で予告した通りの犯行だった。

犯行後のツイッターはどうやって投稿されたか

植松被告には、２０１６年７月26日未明に津久井やまゆり園に侵入して19人もの障害者を殺害に至ったその経緯を詳しく聞いている。それまでのマスコミ報道ではわからないことが多いからだ。

例えば犯行直後に植松被告はツイッターに投稿を行うのだが、それは正装して自撮りした写真だった。犯行後、彼はそのまま警察に出頭したのだが、いったいあの正装は、いつどうやって着替えたものか。そもそも犯行後、彼は返り血を浴びていたはずだが、それはどうしたのか。そういう疑問が湧くはずだ。

17年12月7日に面会した時、植松被告にその疑問をぶつけてみた。答えは意外なものだった。

「あの写真は事件を起こす直前に撮ったものです。車の中で着替えて撮影したのですが、本当は決行前に上げるつもりだったのです。でも慌てていたらしく、決行してからどうなったか見たら送れていないことに気が付いた。それで終わってから送ることになってしま

犯行後に投稿したツイッター

ったのです」
あれだけ凄惨な犯行を行ったから衣服などは返り血だらけだったのではないかという疑問には、彼はそうではないと否定した。床には大量の血が流れたので靴は血で染まったが、衣服には返り血などは浴びていないというのだ。

もうひとつわかりにくいのは、16年2月に植松被告が衆院議長公邸に届けた手紙だ。それを届けた前後の経緯もわかりにくい。

実は彼は、手紙を届けに2月13日、14日、15日と3日間、通っていた。最初、自分の主張を総理大臣に訴えるつもりで安倍総理大臣宛の手紙を持っていったのだが、警戒が厳重でとても近寄ることができなかった。そこで14日に衆院議長公邸にたどりつき、その日は日曜日だからと追い返され、15日にようやく手紙を受け取ってもらったという。その過程で彼は、もともとは総理大臣宛だったのを、衆院議長公邸に届けることになって、宛名を書き直したのだという。

だからもともとあの内容は、総理大臣宛の手紙という想定で書かれたものだった。それを衆院議長に宛名を書き直したというのだが、そういう経緯が、あの内容のわかりにくさの一因なのかもしれない。

植松被告は、16年初めから、意思疎通のとれない障害者を安楽死させるべきだという考えを、施設の同僚らに話し、2月半ばに衆院議長公邸に自分の考えを表明した手紙を届けた。それによって警察が動き、2月19日に彼は津久井やまゆり園を辞めることになり、警察に保護された。そしてそのまま精神病院に措置入院させられたのだった。

事件直後の大報道の中で、措置入院から退院させたのが早かったのでは…といった非難の声が起こったのを覚えている人もいるだろう。その後、厚労省の検証チームでも措置入院のあり方については詳しい検討がなされ、退院の判断に問題はなかったことが明らかにされた。

精神科医の判断としては間違っていなかったということで、それはよいのだが、この間、植松被告と話していて気になったのは、彼が具体的に犯行を決意したのがその入院中だったという事実だ。つまり措置入院が結果的に、植松被告の背中を押してしまっていた可能性があるのだ。

これは第3部で精神科医も指摘しているように、重大な問題だ。それゆえ植松被告自身の手で、措置入院前後の詳しい経緯を書いてもらうことにした。その内容は次の項に掲げたが、提示された問題はかなり深刻だと言える。

改めて、ふたつの命をどう選別するのか

２０１７年12月７日の面会の時に、植松被告が突然居住まいを正すように改まって、「私の考えを述べても良いでしょうか」と言ってから話し始めた内容についても書いておこう。私がネットに彼とのやりとりを書いていることは植松被告も知っていて気にするので、私はプリントしたものを彼に送っていた。10月31日に発覚した座間事件に絡めて私が書いたことを彼は意識し、改めてきちんと説明しようと考えたらしい。私がネットに書いたのはこうだった。

《彼は安楽死すべき命とそうでない命を区別しているのだが、死や命について考えていないわけではない。ただ、尊重すべき命とそうでないと彼が考える、ふたつの命をどんなふうにして線引きできるのか。そこをめぐってもう3カ月間、議論し対立したままだ。

一応は健常者とされる我々だって、いつ交通事故で障害者になるかわからないし、年齢を経て認知症になるかわからない。そもそも障害者を否定している植松被告自身、精神障害者ではないかと世間からは思われている。彼は精神鑑定で「障害」という言葉を自分につけられたことを気にして、そうでないと言っているのだが、障害者と自分とが画然と異なるわけでなくいつでも変わり得る地続きの存在であることを理解しようとしない。ただ、命の重さという点に関しては、少なくとも自分が重大な行為を行い、死刑になるかもしれないことくらいは理解している。》

その問題はもう植松被告とは何度も議論してきたことなのだが、彼は、こんなふうに説明した。

「自分は心失者とそうでない障害者との線引きはできると思っています。判断の基準は意思疎通できるかどうかです。例えば自分の名前と住所を言えるかどうか、です」

それに私が反論して、そんな単純なことで命の選別ができるものか、交通事故で意思疎通できなくなった人だって治療によって治るケースもあるじゃないかと述べた。それにさらに植松被告が反論するといったやりとりが続いた。これは、この事件を考えるうえで本質的な事柄なので、植松被告とは相当議論を行った。でも結論は平行線のままだ。

6 衆院議長への手紙から措置入院までの経過

植松聖

［編集部より］以下は、植松聖被告自身がつづった２０１６年２月の衆院議長公邸に手紙を届けた時期から措置入院までの経緯だ。特に措置入院については、実はその最中に具体的な犯行を決意したことを明らかにしている。このことは大変深刻で重大な意味を持っている。その意味については本書第３部をお読みいただきたい。以下の文中で植松被告は、犯行後、ＳＮＳで賛同の声がたくさんあったと書いている。「たくさん」というのは事実ではないと思うが、賛同があることを特別に強調するのは彼の特徴だ。

手紙を渡すために3日間足を運んだ

「意思疎通がとれない者を安楽死させる」

２０１６年２月、これを思いついてから１週間ほどで総理大臣宛に手紙を書き終えました。

検察で改めて内容を読みましたが、自分でも恥ずかしくなる支離滅裂《しりめつれつ》な文章で、

「ずいぶんイカれてますね」

そう伝えると、検事さんは笑っていました。

ただ私にとってこの発案はイナズマが落ちたような衝撃でした。心失者を排除することは、山程ある問題を解決する糸口になります。

その熱意を帯びて自民党本部に手紙を渡しに行きましたが、周辺はとんでもない数の警察官で守られており、一般人の入る隙間《すきま》がありません。それらしい所はないか歩き調べていると、警備の薄い衆院議長の公邸を見つけたので、試しにインターホンを押し、手紙を受け取って貰えました。

結局、3日連続で手紙を渡しに行きました。

後日、園長の呼び出しをうけて退職するよう促されますが、皆殺しにできると予告したのですから、それも当然です。

やまゆり園はとても良い職場でした。

職員さんの中には心優しい方もいますし、すっとんきょうな子どもの心失者を観ると笑わせてもくれます。ですが、人間として70年養う為にはどれだけの金と人手、物資が奪われるか考え、ドロ水をススリ飲み死んでいく子どもを想えば、心失者のめんどうをみている場合ではありません。

仕事を辞めて警察の調べを受け、そのまま措置入院となりました。

少し考えれば当然の流れで、バカと言われればその通りですが、目の前に助けるべき人がいれば助け、殺すべき者がいれば殺すのも致し方ありません。

隔離病棟には普通の部屋と保護房の2種類あり、はじめの10日間位は保護房に入れられました。部屋には監視カメラが付いており、壁と床はクリーム色で統一された、いかにも頭のおかしい空間で、トイレしかありません。

何もすることがありませんから、私はずっと考えました。

警察官、医者や看護士に私の主張を伝えても「うーん…」と言葉を濁すだけで、否定も肯定もしません。

措置入院中、他の患者と交わした会話

入院中は、温厚なおじいちゃんと淑やかな美女が担当医として、私の頭が壊れていないか検査してくれました。

おじいちゃんは「分かる、分かるよ」と、いつも穏やかで、美女は完璧《かんぺき》なのに気どっていない、とても素敵な方々でした。

現代の「精神科医」はゴミクズですが、それは精神薬（毒）をばら撒《ま》くからで、これからは意思疎通の確認をとり、安楽死を決断するべき職業です。

私は大麻の影響で行動した、と診断されましたが、確かに私は大麻のおかげで考えを深めることができました。「大麻」と「麻薬・覚せい剤」はシラフでなくなる点で共通していますが、その性質は真逆です。

「大麻」は、考えることを楽しむ薬草です。「麻薬・覚せい剤」は、考えないよう楽をする猛毒で、脳を壊して最期は心失者になります。ヒロポン（覚せい剤）をばら撒いた日本は、相も変わらず精神薬（毒）をばら撒き続けています。

病棟には20名ほど患者がいて、30代位の男性に「なぜ入院しているのですか？」と尋ねると、「幻聴が聞こえるんです…」と頭を抱えていましたが、それは働かない理由になりません。

日本では「弱者は守られるべきだっ！」とタカリ屋のような偽善者と詐欺師ばかりで、とにかく甘やかすことを優しさと強調しますが、それは無責任な判断です。

これは「イジメ問題」も同様で、私の知る限り〝イジメ〟には必ず「イジメられている方」も理由があり、その根本を改善しなくてはイジメを解決することはできません。

その為には身なりを清潔にし、周囲と調和する努力が求められますが、それらを無視して「イジメる方が悪いんだ」と考えては、あまりに幼稚な思考ではないでしょうか。

しかし、相手の欠点を指摘することは勇気がいりますし、どうしても摩擦を恐れてしまいます。

自分の幸せだけ考え「人それぞれ」とほっておけば楽ですが、その怠慢が日本を滅ぼす原因と思います。優しさと厳しさは表裏一体で、厳しくすることも優しさです。

とは思うのですが、口で言うだけなら簡単で〝指摘〟と〝調和〟の案配《あんばい》はとても難しく思います。

そこで、一つだけ断言できることは、これから学校には「牢屋」を設置するべきです（「水場」と「トイレ」有り）。

ゲームやマンガ、映画にインターネットと遊びで満ちた社会で、勉強に集中する方が変わり者で、罰があるかないかで心は大きく変わりますし、退屈は知識を学ぶ喜びを教えてくれる最良の教師になります。

人間は〝高等な動物〟でしかなく、「ダメですよ」と言葉だけで理解できるほど優れた生物ではありません。「マズイ飯」を食べることも必要です。それは基本的、原始的不幸を体験したことのない人は、幸福を発見する技術も見失っている為です。

心失者はいらない。それは誰もが分かっていることですが、デモなんてしたところで自己満足で終わり、なんの意味もありません。

ただ、私の行為に意味があるのかは定かではありませんが、SNSでは賛同の声が沢山ありました。それが事実であり、現実です。

襲撃を決意してからは身体を鍛え上げた

襲撃を決意してからは身体を鍛え上げました。主なメニューは、

ランニング上り坂20分

スクワット＋鉄アレイ

腹筋＋鉄アレイ
懸垂前・後ろ
トレーニングのコツは「ムリー」でやめるのではなく、「あぁームリだぁーーっ」となるまで追い込みます。ストレッチにしても、身体の硬い人は「痛み」に脅えているだけで、その先に進む勇気を持てば、誰でも柔らかくなります。

土台がなければ筋肉量を増やすことはできませんので、はじまりは足腰・下半身を鍛えます。鍛える前に中量、終わりに大量のタンパク質を摂取します。限界を超えることで繊維が壊れ、その修復が筋肉を強化します。

食事はとても大切で、「よく噛んで食べろ」とは、液状にして吸収を早くする為です。

ヒョロくて根性のない日本人は「オナニー」のしすぎです。精子は大切なタンパク質で、より良いSEXをする為にも過度な射精は控えましょう。

退院してからは生活保護を受給し、日本の平日を観て回りましたが、労働者の皆様が汗水流して働いている日々を、老人達はのんきに遊んで暮しています。

パチンコ台や競艇、ランニングマシーンに根をおろした老人は、見ていてとても哀れです。

健康は生きる為の一つの条件にすぎず、健康維持そのものを目的として浪費する高齢者の皆様には、最低限度以上の自立が求められています。

〝幸せ〟の定義がとても難しいことは分かります。
それでも、基本的欲求を満たすこと、
美味いご飯
上手いＳＥＸ
旨い大麻
これらが揃えば、人間は争う必要がありません。
逆に、これが2つも欠けると「人の不幸を喜ぶ」ことで補う卑しい生き物です。自分が幸せではないのに、人の幸せなど喜べるはずがありません。
それが分かりやすく表にでるのが「フリン問題」です。
フリン問題にクレームを入れるのは、ほとんどが〝主婦〟だったそうですが、これらは性欲を捨てた天使を気取っていますが、汚なく姑息《こそく》な妖怪に、どうして振り回されなくてはならないのか理解できません。
ただ、その逆をいえば美しいからって偉そうにダラけている奴には腹が立ちますよね。
ラーメンを食べていると、ハデな格好をした美しい男女が入店しました。2人の会話に耳を傾けてみると、男がまぁつまらない話しをダラダラしているのですが、女性は「分かるなぁ…」と、しみじみしているのです。
これは、私がイケメンに嫉妬した感情を差し引いても、会話の中身はスカスカでした。

悔しいですが、人間は「優れた遺伝子」に勝る価値はありません。歌手なんて登場しただけで泣き崩れてしまう人もいるわけですから、本当に凄まじい存在です。

しかし、バカやブサイクは隅にいろ、と言われて黙ることもできません。

「自惚《うぬぼ》れている」と失敗を恐れる者は笑いますが、自分を信じなければ何もできませんし、全ての人間が幸せを求めるべきです。

「超人」に強い憧れを持っている

私は「超人」に強い憧れを持っております。

私の考える超人とは「才能」＋「努力」を重ねた人間ですので、凡人以下の私では歯が立ちません。

しかし、アルベルト・アインシュタイン氏いわく
「天才とは、努力を続けた者」

と定義しています。

人間の才能は人並みより劣って生まれてくると、人並みになろうと努力するので、能力はどんどん高くなり、人並みになったからといってブレーキをかけるわけではないので、能力はさらに高くなります。

コンプレックスがバネになって人並み以上の才能をつくるというのは、組織工学の鉄則です。

7 被告がつづった犯行後の出頭状況

植松聖

［編集部より］次に掲げるのは、事件後、植松被告が警察に出頭した時の状況を、本人がつづったものだ。一方的な主張も多く、読むに耐えないと感じられる読者もいると思うが、事件を解明するための記録としてそのまま記載した。どうぞご容赦いただきたい。

出頭直前にタバコとエクレア、コーラ

2016年7月26日未明、津久井署に向かう途中、コンビニへ寄り、タバコとエクレア、コーラを買いました。

コンビニから津久井署は車で5分程ですが、その間にタバコを3本吸い、コーラをがぶ飲みして、エクレアは半分しか食べきれず署に着いてしまいました。

ゆっくり食べてから出頭しても良かったのかもしれませんが、エクレアを食べている時に逮捕されてはマヌケすぎると思ったからです。

「今、やまゆり園で起きた事件の犯人は私です。世界平和の為にやりました」

このような言葉で自首したと思います。

とりあえず取り調べ室に移され、簡単な調べを受けました。全力で走り続けていた私は、椅子に座ると安堵からか身体中の筋肉が引き吊りました。

その空間は現場に着いたお巡りの声が無線から流れています。

「えーー負傷者は、えーー今は、えーー」

まるで分からない報告は、現場の混乱がよく伝わりました。

鍔《つば》のない包丁で刺したので、右手の小指は肉がえぐれ飛び出していました。それまではどうしたこともなかったのですが、少しずつ痛みが増してきました。

「絆創膏《ばんそうこう》を貰えますか？」

無愛想なおじさんは、その言葉をシカトします。この時に、自分が犯罪者として扱われている自覚を持ちました。

その後、現場に連れていかれましたが、たくさんの救急車やパトカー、近隣の住民方が並んでいました。侵入する為にハンマーで割ったガラスを指さした写真を撮られ、そこで手錠をかけられたと記憶しています。

これから調べが始まります。

私は24日から26日までの間に2時間程マンガ喫茶で横になっただけですので、満身創痍《そうい》だったと言えますが、警察は寝かせないように嫌がらせをしてきます。

目を閉じれば隣の部屋から壁を叩き、寄りかかると机を動かしてきます。はじめに「黙秘します」と伝えましたが、それは「とにかく寝かせてくれ」という意味でした。黙秘を勧めたのは、朝一番に来られた弁護士の先生です。「とにかく黙秘した方が良い。今の状態では思わぬ発言をしてしまう怖れがあります」その通りと思い、机に伏せて少し眠ると大分楽になりました。

そこで第一に、遺族の皆様に対して謝罪の言葉をお伝えしました。

心失者を殺すことは人類にとって正しい判断ですが、それまで人生の多くを費やしてきた家族を、ふいに殺されたことは遺族の心を傷つけたと考えたからです。人の役に立ちたいと思う心が、人間の証しであると考えます。「障害者」と「心失者」の区分を明確にすることが、私の役目と考えております。

送検時の車内で見せた笑顔に後悔

朝起きると「今日は検察庁に行くから。外にはカメラが来ているよ」と言われましたが、私は上衣で顔を隠すつもりでいました。

なぜなら逮捕前ツイッターに出した写真は格好良く（私なりに）撮れた物でしたので、今はボロボロにむくんでいるし、髪はセットしていない等の理由があげられます。

イケメンなら寝起きで無造作の姿も絵になるかもしれませんが、ブサイクはメンテナンスも大変なわけです。これでも、人生の多くは見た目に大きく左右されることを理解しております。

しかし、考えれば夏場に上衣があるはずありません。イメージと違いましたが、すぐに車は走り出した為にとりあえず顔をうずめることにしました。

警察署から車が出るとすごい数のシャッター音が聞こえます。窓ガラスはスモークですが、おかまいなしに全てが照らされています。

私は、観たことのない世界に対する好奇心から、顔をあげてしまいました。

バッシャー‼

目の前は光しか見えなくなりました。衝撃的な光を浴びた後は、人の大波が突撃してきます。鬼の形相《ぎょうそう》でカメラを叩きつけるように押しつけていますが、その表情からは走る車に体当たりする恐怖よりも、写真を絶対に撮る気概《きがい》がありました。

私は自分の行為に反省すべき点はありますが、罪の意識はありませんので、落ち込むような表情はできません。

とは言え、殺人罪で送検されているのに笑顔は不謹慎だろう。これからどんな試練にも負けるわけにはいかない。様々な感情の中で過ぎた数十秒は、我ながらゾッとするような表情を世に晒《さら》すことになりました。

「あれだけの事をした後だから無理もない」「さと君は普通だよ」

これだけメディアに叩かれているにも拘らず、理解してくれた友達に、深く、感謝しています。

独房の壁は名前や落書きで埋まっていた

検察庁にある独房の壁は、たくさんの名前や落書きで埋められていました。

検事の先生はロレックスの似合う知的な人で、強者だからこその余裕が見えます。文章を構成する方と、それを打ち込む方の2人で供述調書は作られます。

大筋をノートにまとめ、要点をしぼり、鮮明な調書を作成するのですが、大事な話を聞き出す時には、小犬のような声で頷《うなず》きます。

それは、相手を油断させた方が本音を引き出しやすくなる為の高度なテクニックと思われます。相手を誘導することが強者の条件かもしれませんが、私にはとても真似できそうにありません。

獄中での生活に思うひとつは、警察の皆様がとにかく優しいことです。私に対して〝敵意〟がありません。もちろん不愛想な方もいますが、その方々は、常に目が死んでおります。

警察官として働かれている皆様は、誰よりも、殺すべき者であふれている現実を知っているからです。拘置所には毎日、昼夜を問わず騒ぎ暴れる者がいます。しかし〝人間様〟として扱う限りは誰にも手足が出せず、やりたい放題になります。

ベテランお巡りさんの鉄板ネタは、泥酔して糞を漏らした女性の話でした。

取り調べは捜査一課の刑事さんが担当しますが、これも2人組で行います。主に話すのはスラッと背が高く、40代にはみえない小綺麗な方でした。

取り調べには正直に話した

調べには正直に話しています。それは、私に嘘をつく頭がないからです。決して嘘を肯定しませんが、頭の回転が早い方は、ついた嘘をまとめることができます。

それでも、微妙なズレが信用性をなくしますし、嘘をつく方は何度でも使いますので、私は嘘が嫌いです。とは言え、バカ正直が正しいわけではございませんので、何事も相手を気遣う心情が大切と思われます。

調べはとても長いので雑談をする時間もあります。それも本音を引き出す為ですが、会話をすれば冗談も言います。

その一部を報道するメディアは、何の為に存在するのでしょうか。彼らは主張を曲げて、まるで違う考えを公表します。

「障害者なんていなくなればいい」

このバカ丸出しの文章は、朝日新聞の記事を引用していますが、私に権力があれば、朝日新聞は皆殺しにします。

加えて言えば、不正をした日本の政治家は甲子園球場に集めて切腹させます。それ位しなければ、後世に示しがつかないからです。

私は「障害者」ではなく「意思疎通がとれない者」を、安楽死させるべきだと考えております。

多数の記者方と手紙をやり取りしたが…

多数の記者方と手紙をやり取りしたことで、識見があることは分かりましたが、問題を解決する意欲はありません。言葉を丸暗記する偏差値エリートが頭だけでひねり出した机上の空想論や綺麗事《きれいごと》では問題を解決できません。

加えて言えば、老人介護や製薬会社のビジネスと深い関係にある大手メディアは、私の考えを認めるわけにはいきません。

心失者の存在は、莫大な利権に絡んでいます。その最たる協力者が「精神科医」です。精神詐欺医は、この人の言ってることなら正しいのかな、と思わせる為に聞きなれない言葉を常用しますが、頭が良くても善人とは限りません。

実際にやっていることは毒をばら撒《ま》き、廃人をつくり出すクソ外道《げどう》です。

これは、私に対して「自己愛性パーソナリティ障害」と診断された腹いせではございません。私がこの病型に思うことは、正直思い当たる節はあります。

ですが、それは改善するべき性格の問題であり、「障害」と呼べるのか疑問が残ります。

筋萎縮性側索硬化症（ＡＬＳ）である宇宙物理学者のホーキング教授は

「これから人類は滅びる」

と、くり返し予言されていますが、その原因のひとつは、自分の力で生活することのできない人間がいるからです。

人間は、常に心の天秤《てんびん》を使い決断しなくてはなりません。自立ができる人間とできない人間、どちらと共生するか考えた時に、答えは火をみるより明らかです。

8「色のない食卓」――獄中生活

植松聖

［編集部より］左ページのイラストは、植松被告が横浜拘置支所での食事を描いたものだ。モノクロだったので色をつけてもらえないかと依頼したところ、当初「ここは色のない生活で、薄く力のない部屋なのです」と答えてきた。その後、彩色したものを送ってきたが、「色のない生活」という被告の言葉は印象的だった。

拘置所生活1日の流れ

拘置所生活1日の流れを書かせていただきます。

起床は7時、朝食7時20分、昼食12時、夕食16時30分、就寝が21時です。その間に点検や運動、週2回（夏は3回）の入浴や午睡時間（13時～15時）も認められます。

入浴は石鹸を使用できますが、購入すればシャンプーやリンスも使えます。中でも特に必要なのが「食塩」で、塩をかければ大抵美味しく頂けますので、拘置所の生活もお金の有無が明暗を分けております。

植松被告が描いた拘置所の食事(上はパン食、下はご飯食)

（イラスト左右とも植松被告）

平日は夜間、休日は一日ラジオが聞けます。ラジオは作業しながら楽しめますし、リスナーさんも参加することでより親しみやすいように感じます。

この度は4月1~3日のメニューを記載させていただきます。

・4月1日（日）

朝、味噌汁・まぐろ缶・さくら漬け

昼、豚肉の甘辛焼き・大根のマヨポン酢サラダ・すまし汁・うぐいす豆

夕、肉シューマイ・マーボー春雨・ビタミン補助飲料・胡

瓜の梅風味漬け
•2日（月）
朝、味噌汁・サバ味噌煮缶・しば漬け
昼、アジフライ・小松菜と卵の和え物・吉野汁・桃缶
夕、鶏肉のチーズソース・マッシュポテト・オニオンスープ・ミックスベジソテー
•3日（火）
朝、味噌汁・鰯味付缶・かっぱ漬け
昼、ビーフカレー・キャベツのケチャサラダ・牛乳・カリフラワー甘酢漬
夕、生揚と豚肉の味噌炒め・もやしのお浸し・みぞれ汁・

洋風きんとん

これを私が言うことではありませんが、愛する人を奪った者がここで暮らしていたら許せませんね。

私が拘置所で一番愛読した本は、御指導くださる先生に差し入れて貰った『アンネの日記』です。ユダヤ人である彼女は、第二次大戦を隠れ家で過ごし、13歳から2年間も、私よりはるかに苛酷《かこく》な環境で耐え凌《しの》ぎ、そのページをめくる度に涙、ナミダの傑作です。

ですが、一番衝撃を受けた本は、『レンタルチャイルド』です。飢餓や貧困といった文字は目にしますが、ここまで劣悪な環境で生きる人間がいるのかと恐ろしく思いました。

カントやカフカは100年、200年前から人類の道徳的問題提起を挙げていますが、その識見はごく一部の人間しか知り得ていないように感じました。

カント氏「正義はなされよ、悪党が滅びようとも」

カフカ氏「正義の神はじっとしていなくちゃ。でないと秤がゆれて、正しい裁きが下せない」

大麻への強い偏見や誤解が少しでも無くなれば幸いです。何卒、宜しく御願い申し上げます。

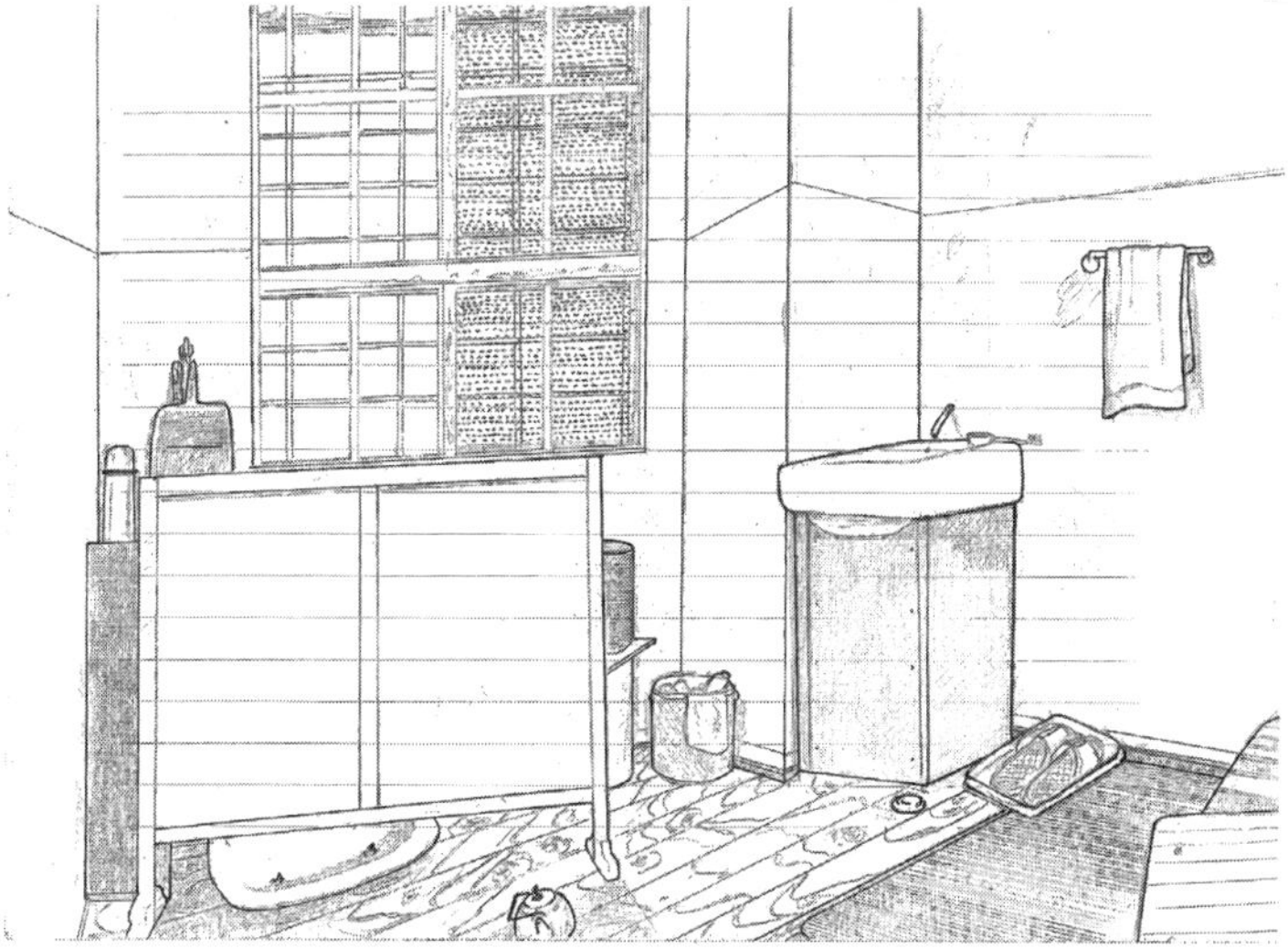

上下とも植松被告が描いたイラスト

9 被告がつづった自分の生い立ち

植松聖

［編集部より］植松聖被告に面会や手紙のやりとりを繰り返してきて思うのは、彼が家庭環境や生い立ちについて、ほとんど語らないことだ。特に家族の話をしようとすると「それについては語りたくない」と言う。それは恐らく、自分の犯した犯罪によって親が追いつめられることを避けようとしているためだろう。

生育環境の分析は精神鑑定でも欠かせないが、今行われている鑑定ではどのような分析がなされているのだろうか。ここではわずかながら植松被告が生い立ちについて語った内容を紹介しよう。

学生時代に大麻を始めたきっかけ

学生時代を思い出すと、私は本当に頭の悪い糞ガキで後先何も考えず、日常を浪費するだけの毎日でした。それでも「楽しく生きたい」という漠然とした目標はありましたので、友人とたむろして雑談をくり返します。

小学校の頃は水泳・テニス・野球・バスケを習いました。私の世代は「遊戯王」や「ミニ四駆」、

「ゲームボーイ」も流行しました。「ケードロ」や「ピンポンダッシュ」も楽しかったのですが、学校にバレて謝りに行きました。

中学生の運動会では徒競走で最後の大トリでしたが、それは一番足の速い組で、まともに走っても絶対に勝てません。ただ走ってビリッコでは気恥ずかしいので、私は途中で大ゴケし、仲間に助けて貰い、みんなでゴールした良い思い出があります。

高校の修学旅行は、友人の部屋から女湯が見えると聞き集まり、それが先生にバレて廊下に正座させられましたが、その先生は後に女子生徒への強制ワイセツでクビになりました。

大学ではマージャンと大富豪ばかりしていました。精神鑑定で知能指数を調べた結果、私はＩＱが高いそうで大方負けることはありませんでしたが、社会人になってからは負け越しています。

大人になってもマージャンが好きな方々は並の雀士ではございませんので、私の脳ミソはその程度のシロモノです。

大麻を始めたのは「脱法ハーブ」がきっかけです。友人達とカラオケに行くと皆、当然のようにハーブを吸っているので「タバコ」と同じような感覚でした。

しかし、2年程使用するとマージャンの計算はできなくなり、言葉はつっかえ凄く短気になってしまい、「このままではヤバイ」と悩み、大麻に切り換えました。

脱法ハーブは脳細胞が死滅します。それは「理性と良心」を破壊する行為です。

これはヤバイな、と思ったエピソードでは、牛丼を食べていてデコに米つぶが付いていたことです。

それはそれで愉快なのですが、人として生活するには問題があります。

脱法ハーブは本当に恐ろしい猛毒で脳内を破壊されましたが、大麻の素晴らしさを学ぶきっかけになりましたことは深く感謝しています。

刺青《いれずみ》は、いれている友人に惚れ惚れし一度の人生自分も格好良くなりたい気持ちからいれました。刺青を反社会的とする偏見もありますが、忍耐を養う芸術と思います。

刺青のはじまりは罪人の目印だったと言われていますが、今とは時代が違いますし、火事から人々を守る火消しの皆様が焼け死んだ時の身元確認のため刺青をいれていたとも言われています。

昔の建物は全て木造で消防車もありませんから、火消しはとても勇ましい仕事であったと思います。逆に、刺青をいれていない方が勉学に励み知的なようにも映りますから、刺青をいれている方、いない方どちらにしても良い所があります。今日を生きれば、明日を生きることもできますから、より良く生きるために刺青は決して悪い物ではございません。

学童保育のアルバイトは子どもと遊んでいた（遊んでもらった）だけで、私自身が正しい指導をする自信はありませんでした。子ども達は分け隔てなく満面の笑顔をみせてくれますし、無知が故に純真無垢な心をもっていて、教育によって〝天使〟にも〝悪魔〟にもなりうる存在と思います。

精神鑑定と「自己愛性パーソナリティ障害」について

私は今、二度目の精神鑑定を毎週1回、水曜日または木曜日に受けています。どうやら4～5カ月かかるようなのですが、詳しいことはわかりません。

前の精神鑑定では「自己愛性パーソナリティ障害」という診断を受けました。

自己愛性パーソナリティ障害は「限りない成功、権力、才気、美しさにとらわれています」と紹介されていて、私はそれらに強い憧れを抱いています。

確かに「自己愛性」と言われると思い当たる節がないわけではないのですが、これは多くの人間に該当する感情に思えるため「障害」と呼べるのか疑問は残ります。

そもそも精神科医は毒をバラ撒き化け者を無罪にするゴミクズです。苦労を重ねて手にした「お医者様」ですから、安楽死や大麻など面倒極まりない問題に触れるわけもございません。

改善点に気づきながらも目を瞑《つむ》り、安定した自己保身のためなら何でもできると診断できますが、これも「障害」と言うよりは誰でも抱える人間らしい弱さに思えます。

名づけるならば「自己保身ブロック障害」とでも言うべきでしょうか。

そういえば、かつて私はヤフーニュース等のコメント欄に沢山の書き込みをして遊んだことがあります。イイネしかできないSNSと比べてワルイネ（ｂａｄ）が新鮮で、赤の他人だからできる直球のコメントにも魅力を感じていました。

ですが、気がつくと私のコメントはほとんど削除されていました。内容は「トランプ大統領は真実を話している‼」「大麻は世界で認められている‼」等々、日本の世論には反する文章でした。

つまり、世論とは誰かの都合の良い言葉でしかないことが分かります。言論の自由はありません。

10 7項目の提案と「戦争反対」の主張

植松聖

［編集部より］以下は、植松聖被告が何度も主張している「7項目の提案」だ。P33に掲載した2017年7月の手紙にも書かれていたが、ここに掲載したものはそれを詳しく展開したもので、マスコミや面会に訪れていた人などに一斉送付された。

その少し前、8月には、植松被告は編集部に青い表紙の大学ノートを送ってきた。「新日本秩序」と題され、彼の考えが詳しく書かれているのだが、ここではその中から「戦争」という小見出しで書いている部分を紹介した。彼が「絶対に戦争をしてはいけない」と強調しているのが意外に見えるからだ。この辺は植松被告が自分の考えはヒトラーと違うと強調していることとも関わっているのかもしれない。

青い表紙の獄中ノートはその後も何冊も送られており、次項に掲載したマンガもそこに描かれたものだ。

7項目の提案

この度は、より多くの人間が幸せに生きる為の7項目を提案しました。お手数をおかけ致しますが、一度お目を通して頂けましたら幸いです。

1．安楽死

仮に、貴殿が大きな事故にあい会話、移動、食事もできず糞を垂れ流す身体になります。元気な頃の貴殿はどうするべきだと考えますか。

私は自殺スイッチを押すべきだと考えております。他人に迷惑をかけて不幸にするのであれば、やむを得ない選択です。同意がなくては安楽死できないのでは困ります。

死の決断を家族に委ねることは、大きな心理的負担になることが想像できます。心失者になれば自分で判断ができませんので、全ての人間が死を認めなくてはなりません。

逆に、金はいくらでも支払うので、何があっても延命して欲しい場合に同意書のサインをするようにします。

覚悟をもつことで、より有意義に人生を過ごせるはずです。

2．大麻

楽しい草と書いて「薬」と読みます。日本で大麻が認められていない理由は「タバコ・精神薬」を売り捌《さば》く為です。

ほぼ全ての先進国で認められており、約250種類の疾患に効果があるとする論文があります。簡潔には、楽しい心が躰を超回復させます。

製造、栽培が容易かつ安価で、身体的害（副作用）が少なく、第一選択薬として望ましいとされています。

大麻を認めると生産性が落ちると誤解もありますが、生産性が落ちる理由は〝気温〟です。脳は電気信号で働き、電気信号は冷却された方が鋭く発信され、熱による歪みは信号を遅らせてしまいます。

「大麻」と「麻薬・覚せい剤」の違いを、より明確にするべきだと考えております。

3. カジノ

支払い能力を超えた金銭を使用すると理性を保つことができません。その現金は幻影で、実際はないのに、あるように見えるだけです。

小口の借金は全て見栄や欲望の為に使われますが、無限にふくらむ虚栄心には限度がありません。

これらの理由から社会を安定させる為に、小口の借金を禁止するべきだと考えます。

4. 軍隊

軍隊を保有することは国家としての責任であり、世界の平和維持活動を行う為の武力と考えます。

最低限度の体力と気力を養う為に、全ての男性が一度修業を行うべきだと考えております。

「鉄は熱いうちに打て」それと同様に人間も、まだ精神が柔軟なうちに、厳しく試練を与えられないといけません。冷えた鉄をいくら打っても、もはや手遅れです。

5. SEX

性欲は、食欲と睡眠欲に並ぶ生命の三大欲求ですが、性欲だけは間違った快感を覚えてしまえば、それは相手を深く傷つける犯罪になります。

ただ、改めて何を教えるべきか私も分からないことが多々あるのですが、

一、絶対に避妊をする。

二、身なりを清潔にする。(無駄毛は全て処理する)

三、陰部を舐め続ける。(性行為前に10〜30分)

この三項目を男子学生の皆様にお伝え致します。

6. 美容

ブサイクであることは、美しい人間には想像もつかない程の不幸です。それだけで心ない揶揄《やゆ》や嘲笑の的となる存在です。

美しければ笑顔で向えられますし、自然と表情が明るくなり、すぐに友人ができます。「毛嫌いする」というように、目から下の毛は邪悪であり、ブサイクはできる限り改善すべき病気です。

しかし、整形しても子どもは本来の遺伝子を受け継ぎますので、交際前に改善の有無を報告します。

美は人生最大の欲求で、美を求めることは正義と考えております。

7. 環境

裸足で歩けば〝砂浜〟は「熱い」ですが〝草の上・木の下〟は「涼しい」とわかり、草木は動物が

生活しやすい環境を守ってくれます。

地球上の多種多様な生物は植物（生産者）、動物（消費者）、微生物・菌類（還元者・分解者）に分類され、生命維持に不可欠の役割を果たしている微生物・菌類を忘れてはなりません。

アフリカ大陸では人糞を肥料にする知識が根づいていない為に農作物が元気に育ちません。そして、人類は遺体を肥料にする知識が根づいていない為に農作物が元気に育ちません。そして、人類は遺体を肥料にする知識が根づいていない為に森林破壊を止めることができません。

人間を自然のサイクルに戻す必要がございます。

「戦争をしてはいけない」という主張

［編集部より］次に植松被告が送ってきた大学ノートに書かれた内容から「戦争」という項目を紹介しておこう。なぜこの記述を紹介するかというと、彼がナチスのユダヤ人虐殺に言及しているからだ。彼は自らの主張をヒトラーにたとえられることを意識してか、ユダヤ人虐殺への批判を手紙でも何度もしているのだが、ここでもそれがなされている。植松被告がこんなふうにユダヤ人虐殺に反対を表明しているのも気になるところだ。

《戦争
あたり前ですが「絶対に戦争をしてはいけない」と考えます。映画「戦場のピアニスト」から戦争の恐しさを学びました。

人間は命令に責任を押しつけて思考を止めることでどんな悪業も行うことができます。

第二次大戦終戦後、閉じこめられてガリガリに痩せ細いユダヤ人をみてドイツ人は「知らなかった」と口を揃えましたが、「ウソだ。あなた達は知っていた」とユダヤ人は言いました。

インターネットでつながれた情報社会は、現代戦争が悲惨な地獄であることを知りつつも黙殺しています。

手足を縛り戦車で踏み潰し、檻に閉じこめてプールに沈め、首に爆弾を巻きつけて殺す動画をみました。彼らの表情が脳裏に焼きついています。

人間が集まればヒエラルキー（みえない階級）が発生し、その場に最も適応した人間が尊敬されます。つまり、殺戮が認められる空間では、それが1つの正義となります。

彼らは政治不正による歪みが産みだした被害者です。》

11 植松被告が獄中で描いたマンガ

［編集部より］

以下に掲載するのは、植松聖被告が2018年2月から3月にかけて送ってきた大学ノートに描かれたマンガだ。彼は何カ月かかけてこのマンガを描いていったようだ。彼の母親がプロのマンガ家であることは知られているが、植松被告もその影響か、獄中で大量のイラストやマンガを描いている。このマンガはストーリーを持っており、どうやら植松被告は自分の世界観のようなものを表現したかったようだ。しかもそれがやまゆり園事件の動機とも関わっているわけで、そうしたことを解明するために、ここに掲載した。当初送られてきたマンガには、障害者を描いたコマもあったが、影響が大きいことに鑑みて割愛した。最初のページに書かれた「麻星聖」は、植松被告のペンネームらしい。

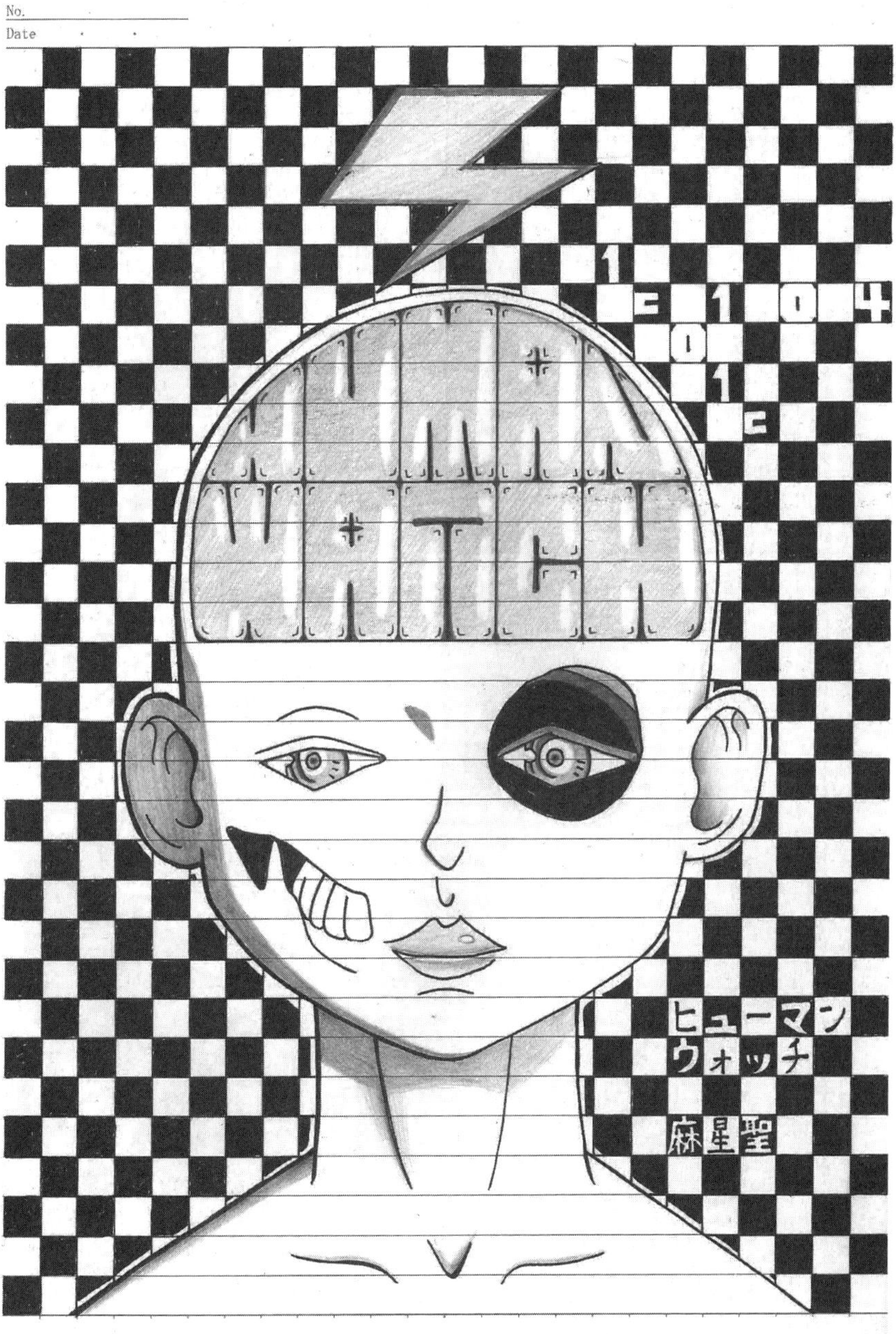

植松被告が獄中で描いたマンガ

No.
Date

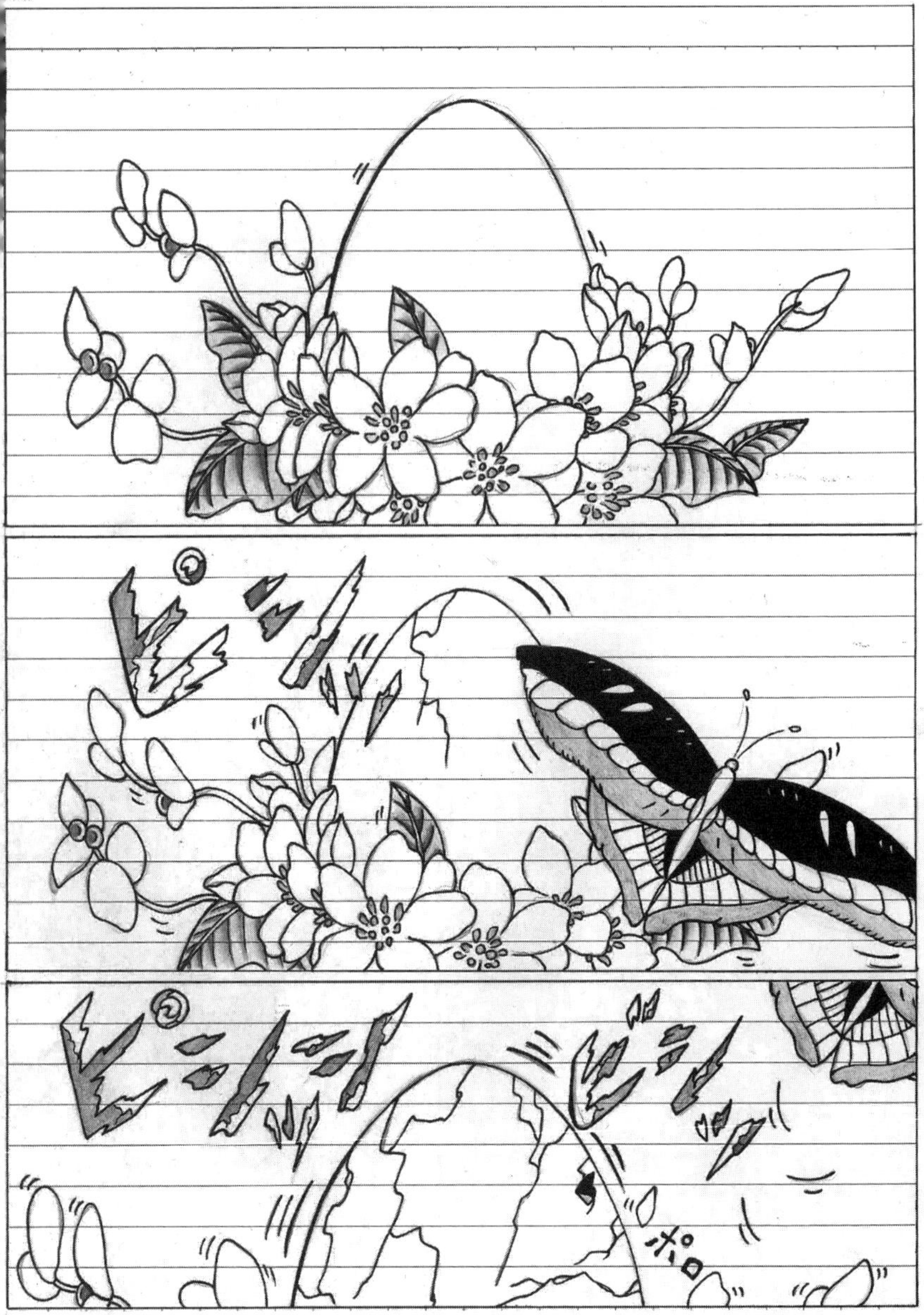

No.
Date
ぱかーんっ
ぷはーっ

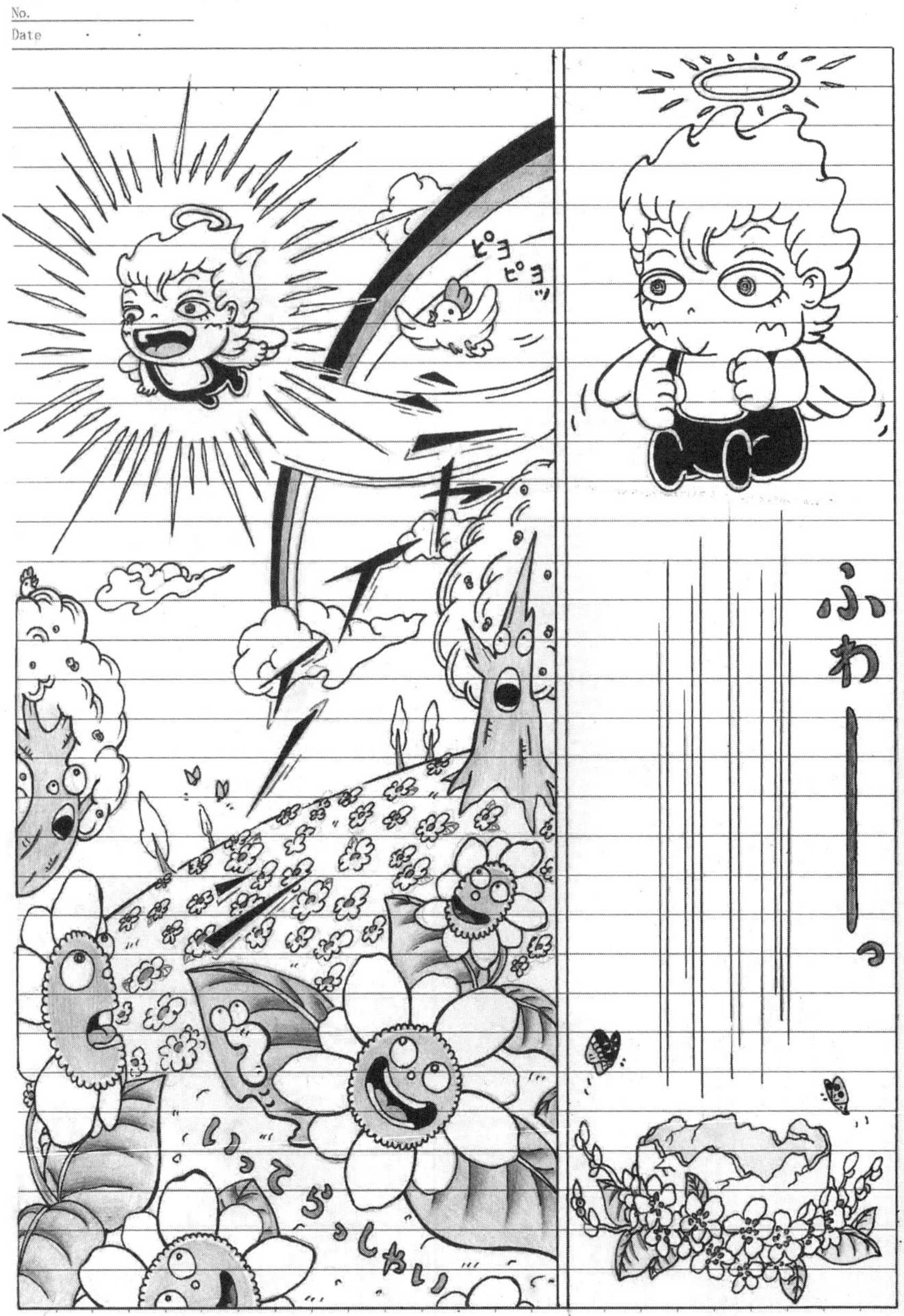
No.
Date
ふわーーっ
ピヨピヨッ
いってらっしゃい

おたんじょう日
おめでとおっー

ありがとう!!

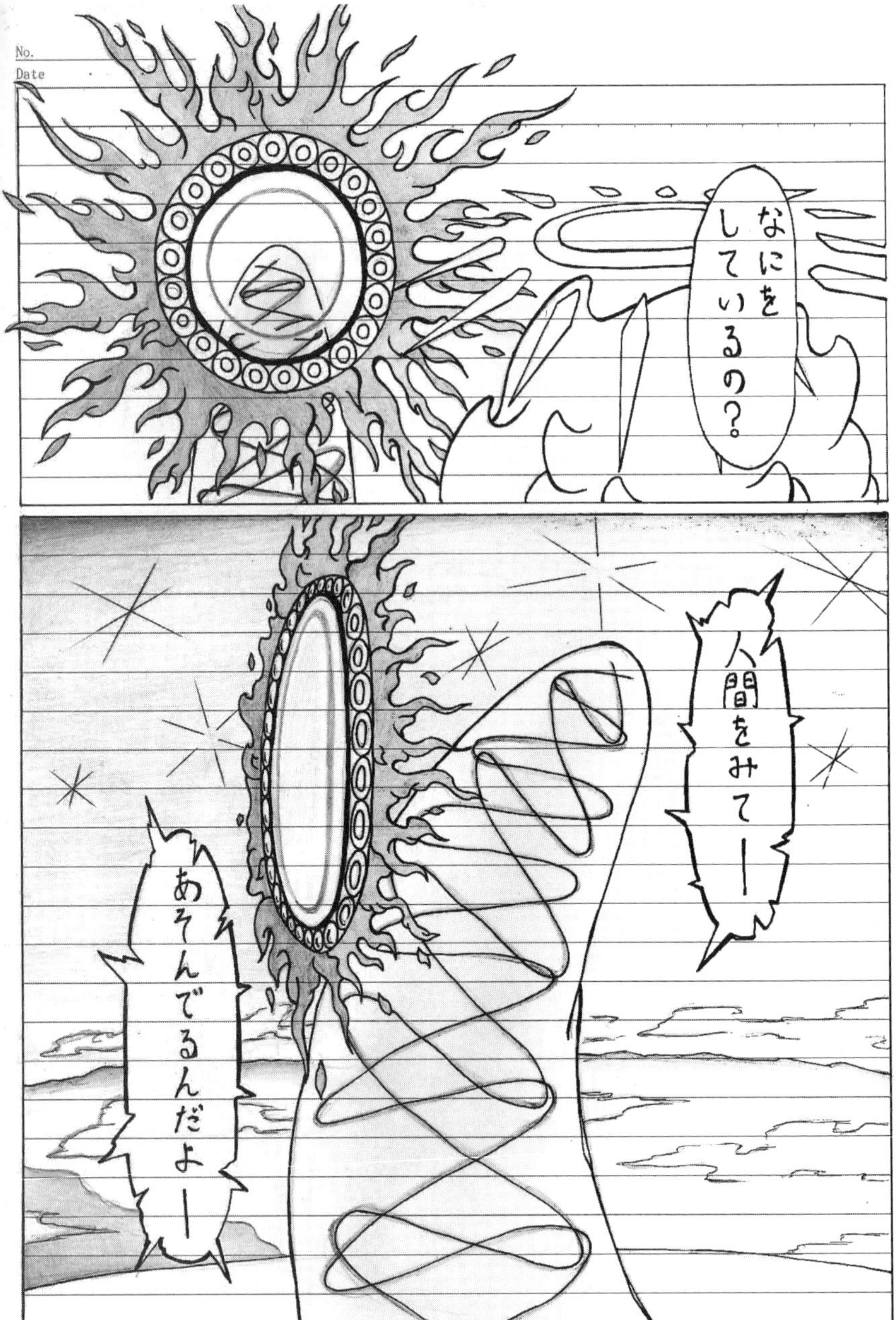
No.
Date
なにをしているの？
人間をみてー
あそんでるんだよー

内戦や紛争
干魃《かんばつ》や飢餓
毒薬汚染に人身売買
全ては金の為だよ
詐欺に強盗
自殺と殺人
人口増加と環境破壊

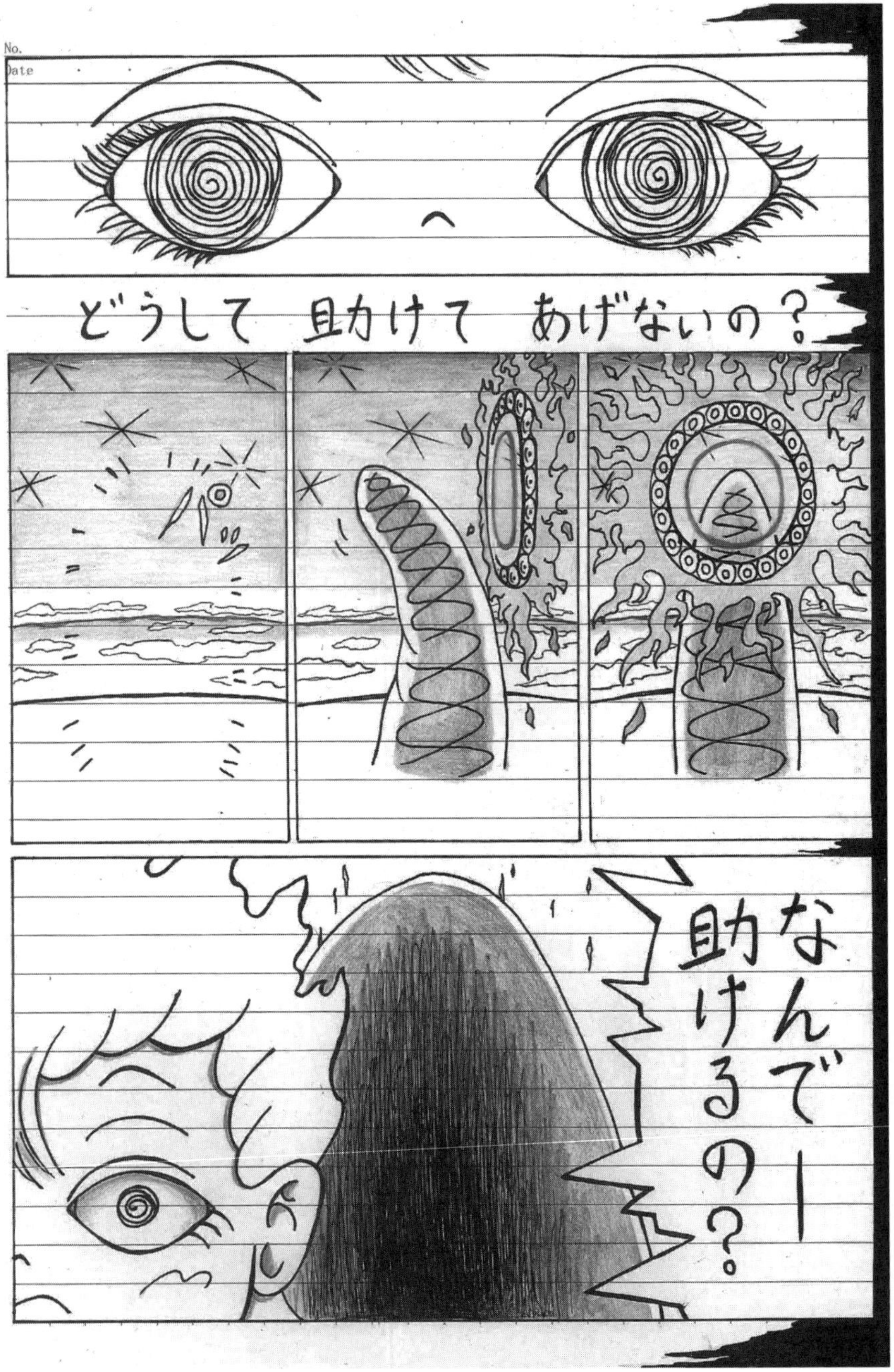
No.
Date
どうして 助けて あげないの？
パ
なんでー
助けるの？

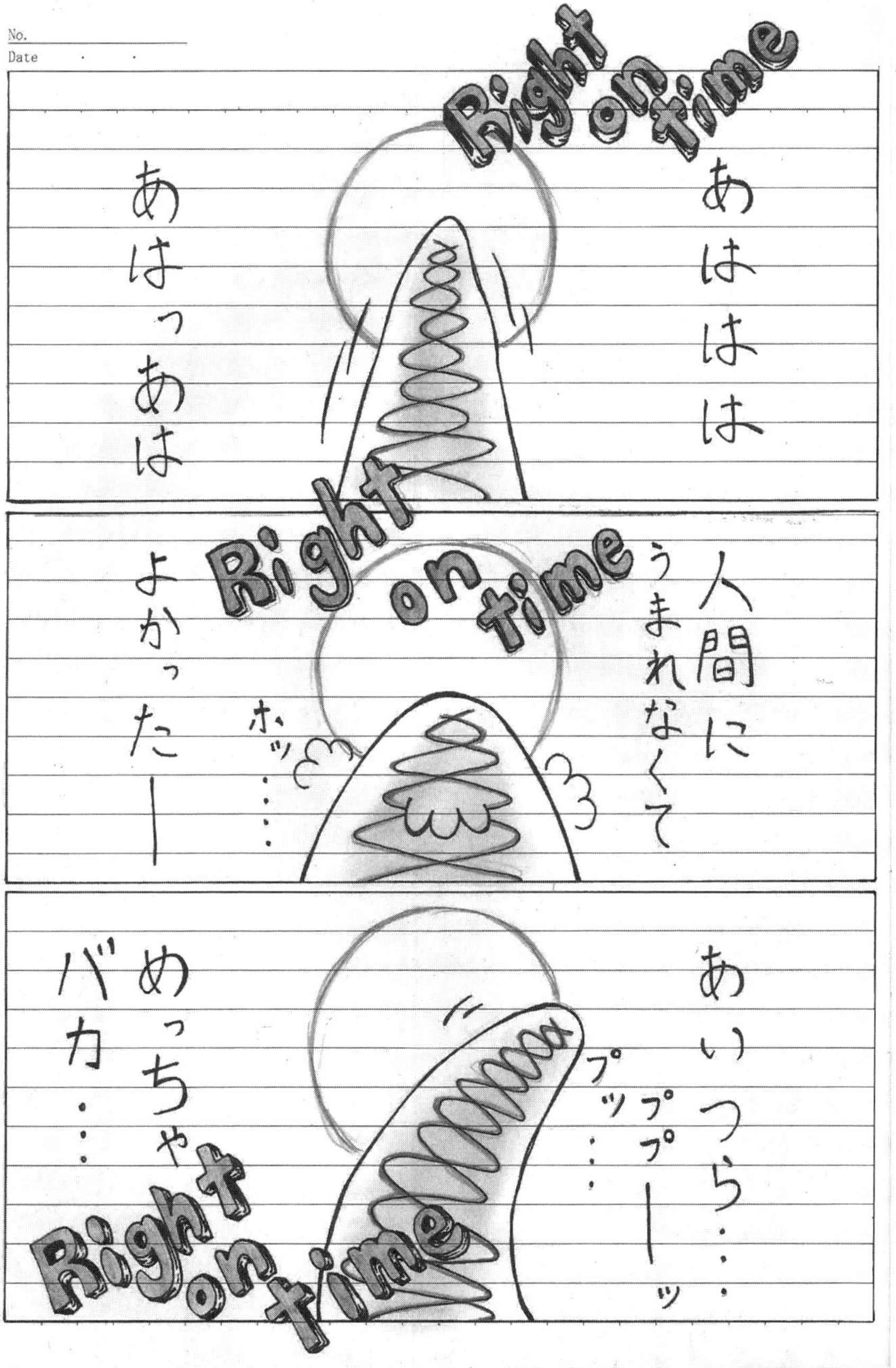
No.
Date
Right on time
あははは
あはっあは
Right on time
人間にうまれなくて
ホッ…
よかったー
あいつら…
プププーッ
プッ…
めっちゃバカ…
Right on time

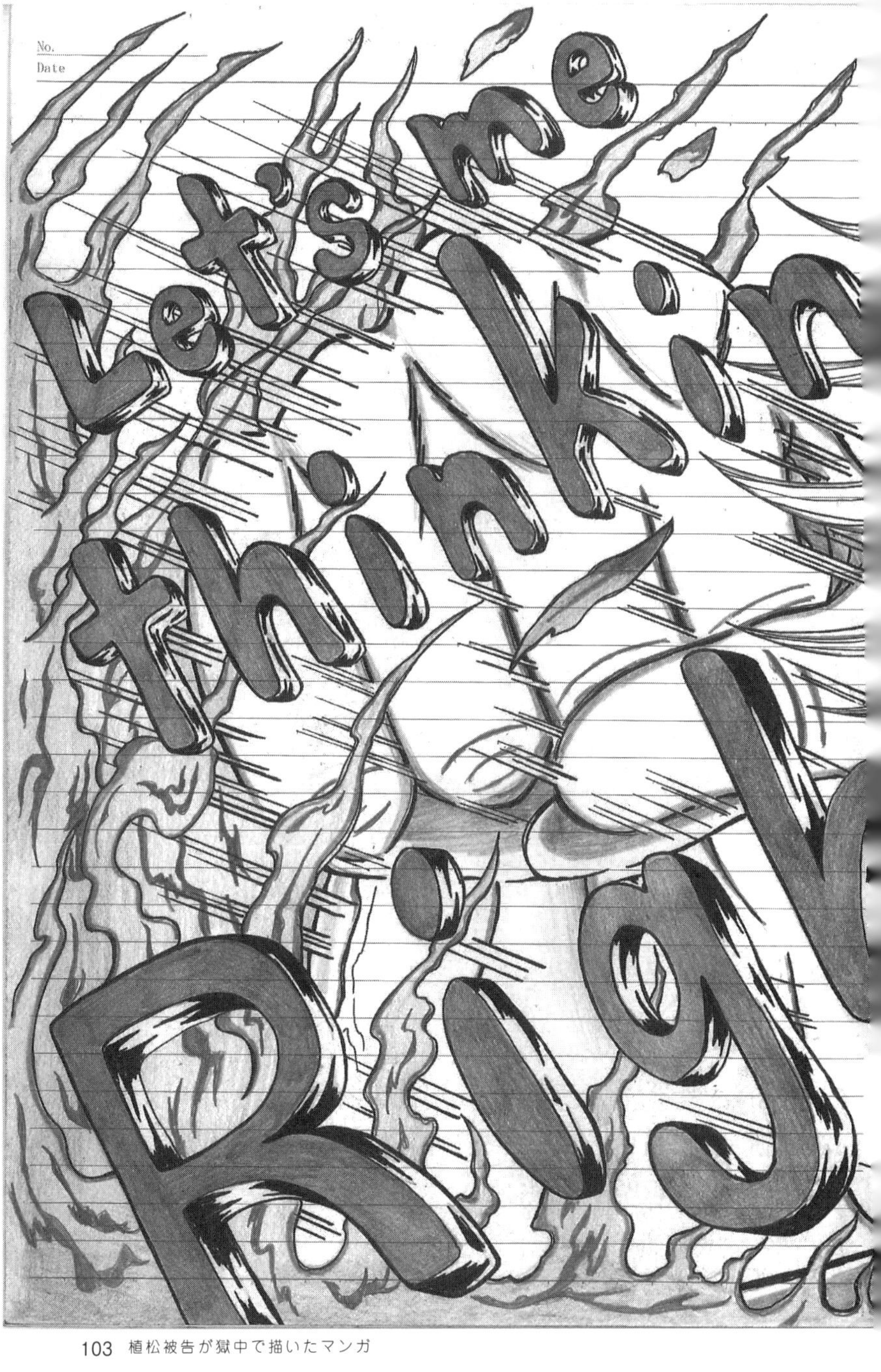

 植松被告が獄中で描いたマンガ

No.
Date
2
ズガガッ
ズガガガッ
ドーーッ

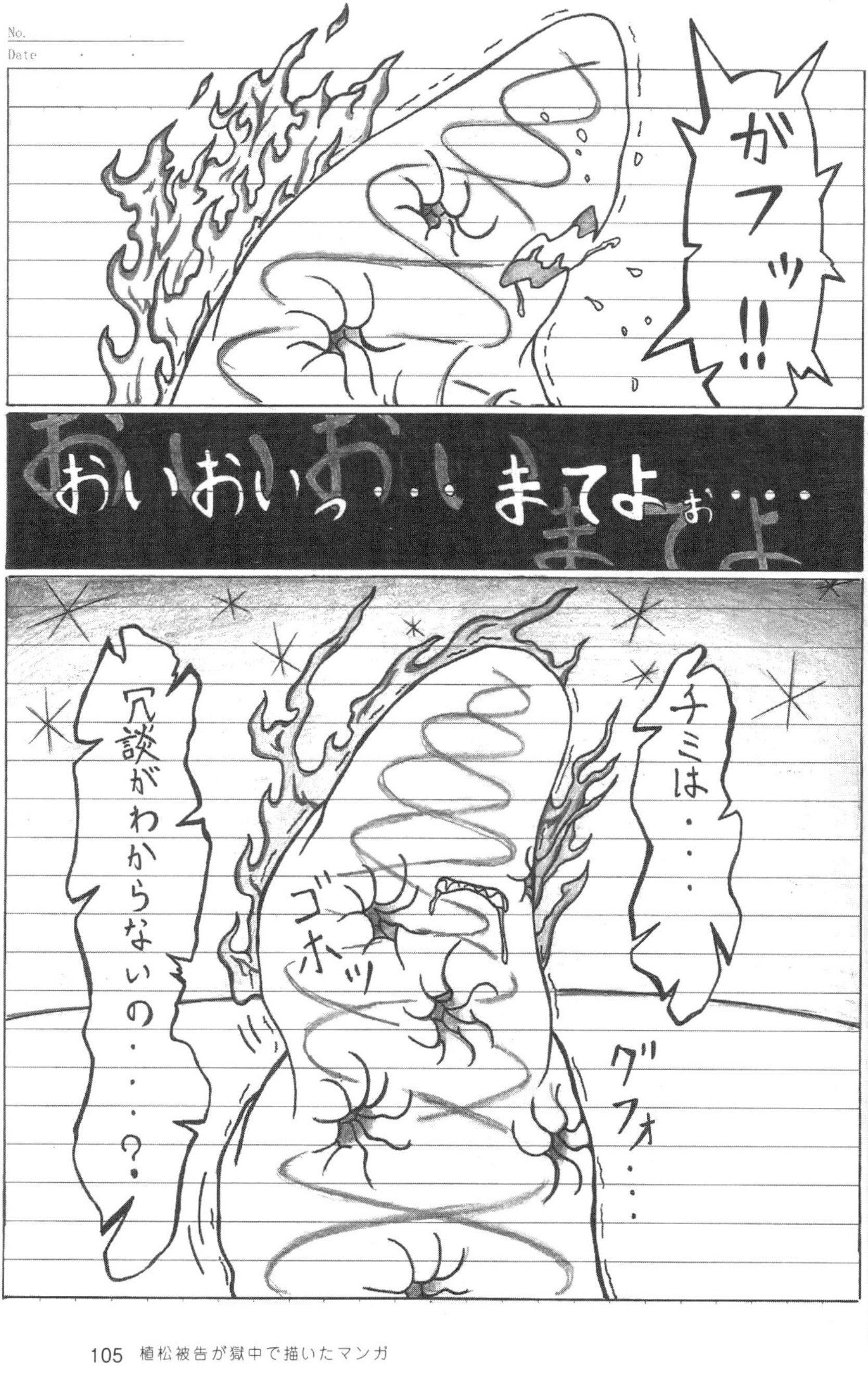
No.
Date
ガフッ!!
おいおいっ・・・まてよぉ・・・
チミは・・・
冗談がわからないの・・・？
ゴホッ
グフォ・・・

No.
Date
30

No.
Date

ゴロッ
ゴロゴロ
つまらないんだよっ
バカヤロー

 植松被告が獄中で描いたマンガ

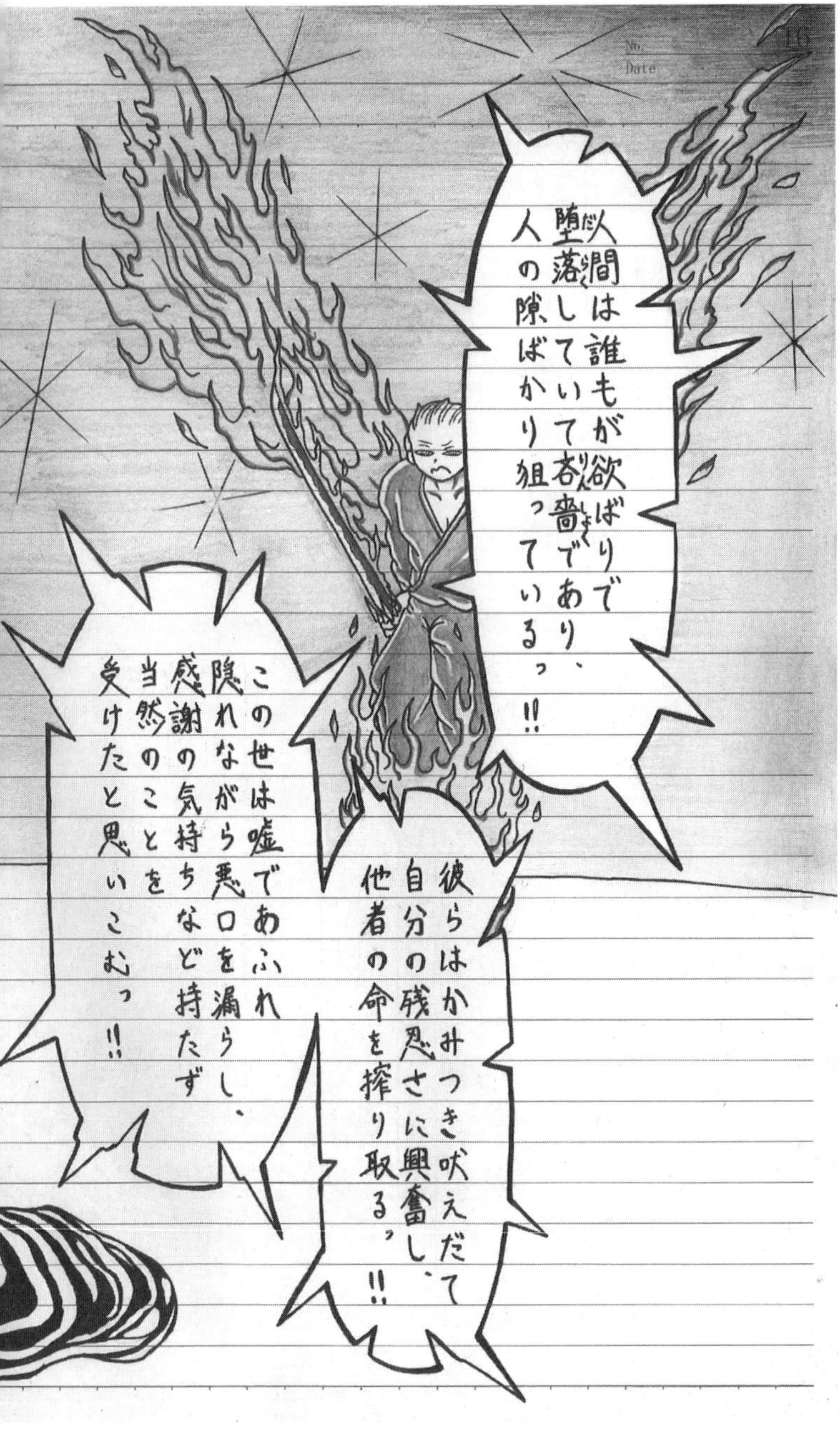
人間は誰もが欲ばりで堕落《だらく》していて吝嗇《りんしょく》であり、人の隙ばかり狙っているっ!!
彼らはかみつき吠えたて自分の残忍さに興奮し、他者の命を搾り取るっ!!
この世は嘘であふれ隠れながら悪口を漏らし、感謝の気持ちなど持たず当然のことを受けたと思いこむっ!!

問題から目を逸らし、甘えた幻想の中で自己を正当化させ、現実から逃げ続けるっ!!
善良であることはの得にもならないっ!!何のいつらはっ自分の利益でしか行動できないあ只の化け者なんだあぁ!!
ひゅー
ひゅー
ひゅー
ひゅー

考えればぁ分~かるだろ
弱者であるほど
姑《こ》息《そく》で卑《ひ》怯《きょう》
か弱い自分には
その権利があるとー
恥を晒《さら》しまわる・・・

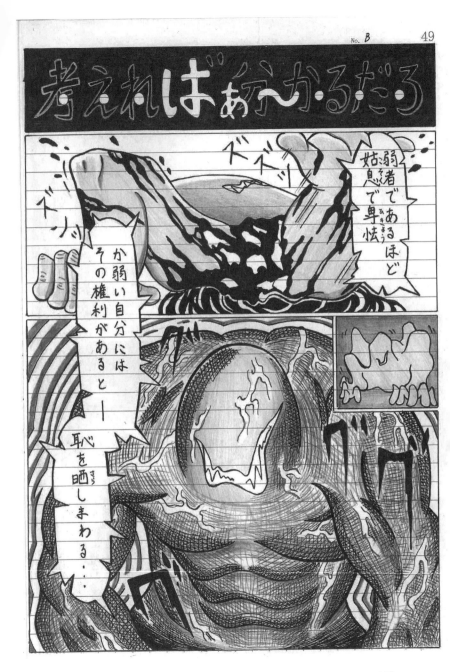

No.
Date
さぁー
戦争
しよう
KKIIIIII——N…
お願いします!!
まってください!!

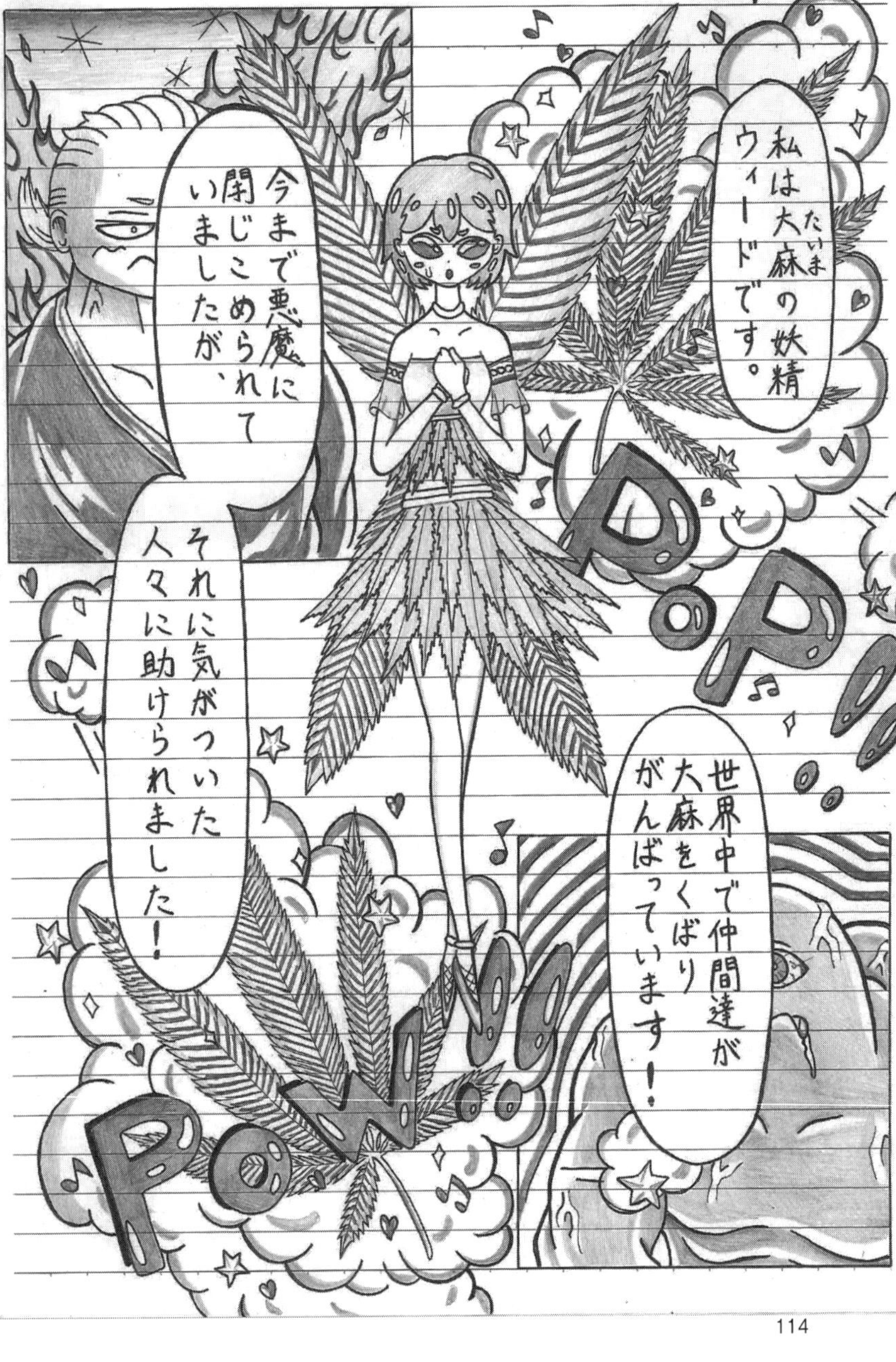
私は大麻《たいま》の妖精ウィードです。
今まで悪魔に閉じこめられていましたが、
それに気がついた人々に助けられました!
POP!!
世界中で仲間達が大麻をくばりがんばっています!
POW!!

大麻を食べて
本当の心を取り戻してくださいっ!!
くだらん・・・
ムシャムシャ
こんなの気休めでしょ・・・
モグモグ
ゴックン・・・

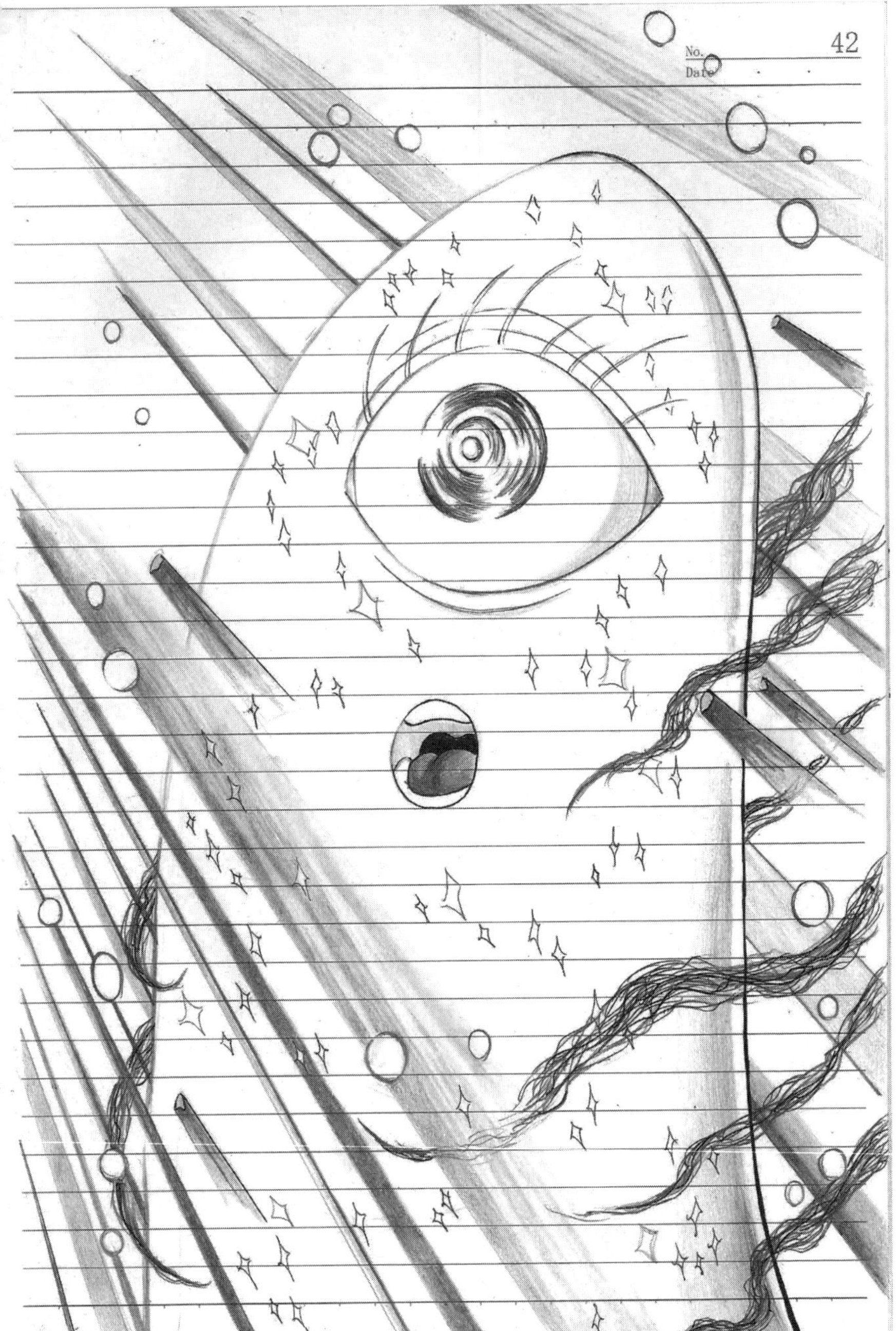
No. 42
Date

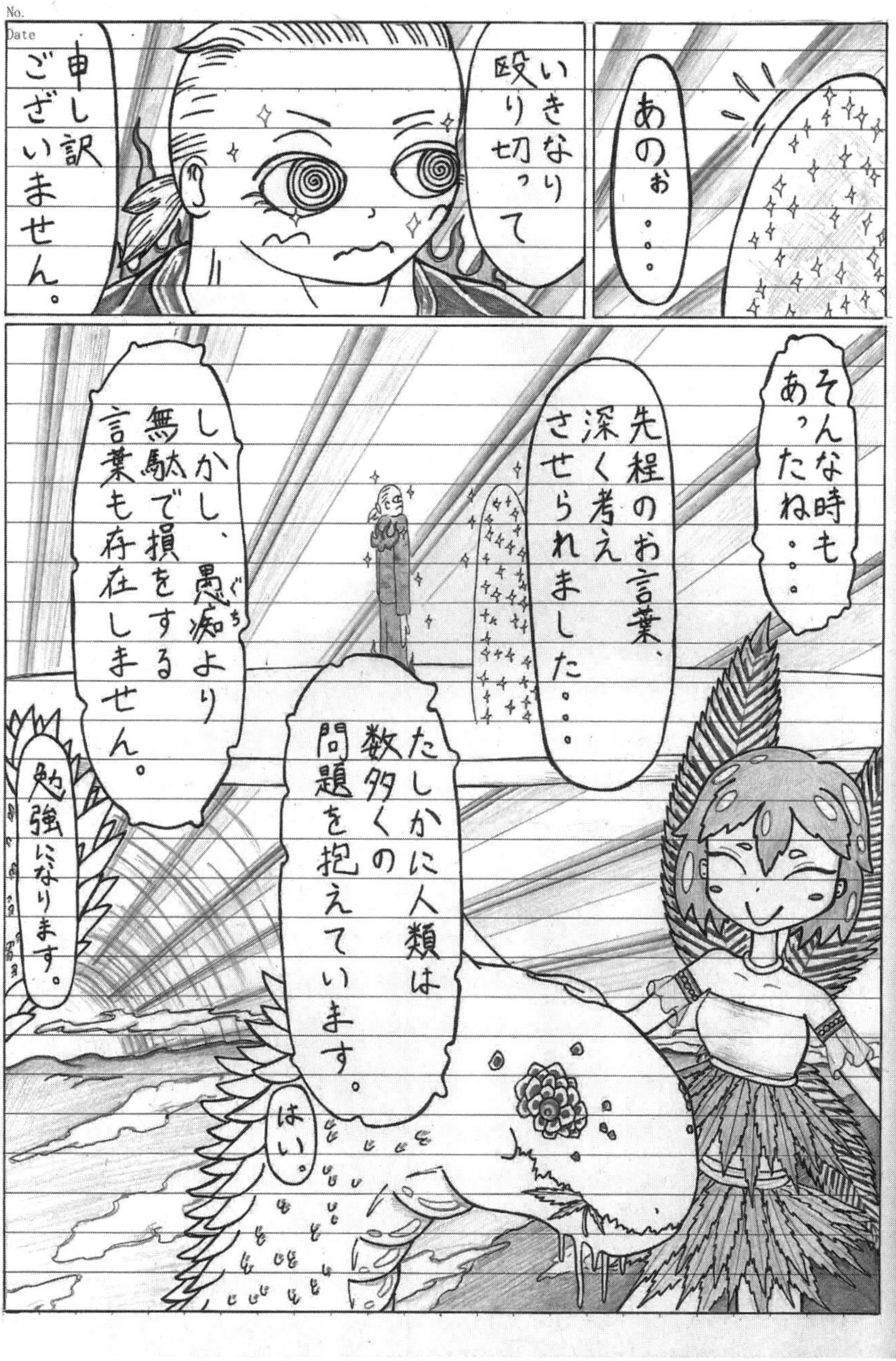
あのぉ・・・
いきなり殴り切って
申し訳ございません。
そんな時もあったね・・・
先程のお言葉、深く考えさせられました・・・
しかし、愚痴《ぐち》より無駄で損をする言葉も存在しません。
たしかに人類は数多くの問題を抱えています。
勉強になります。
はい。

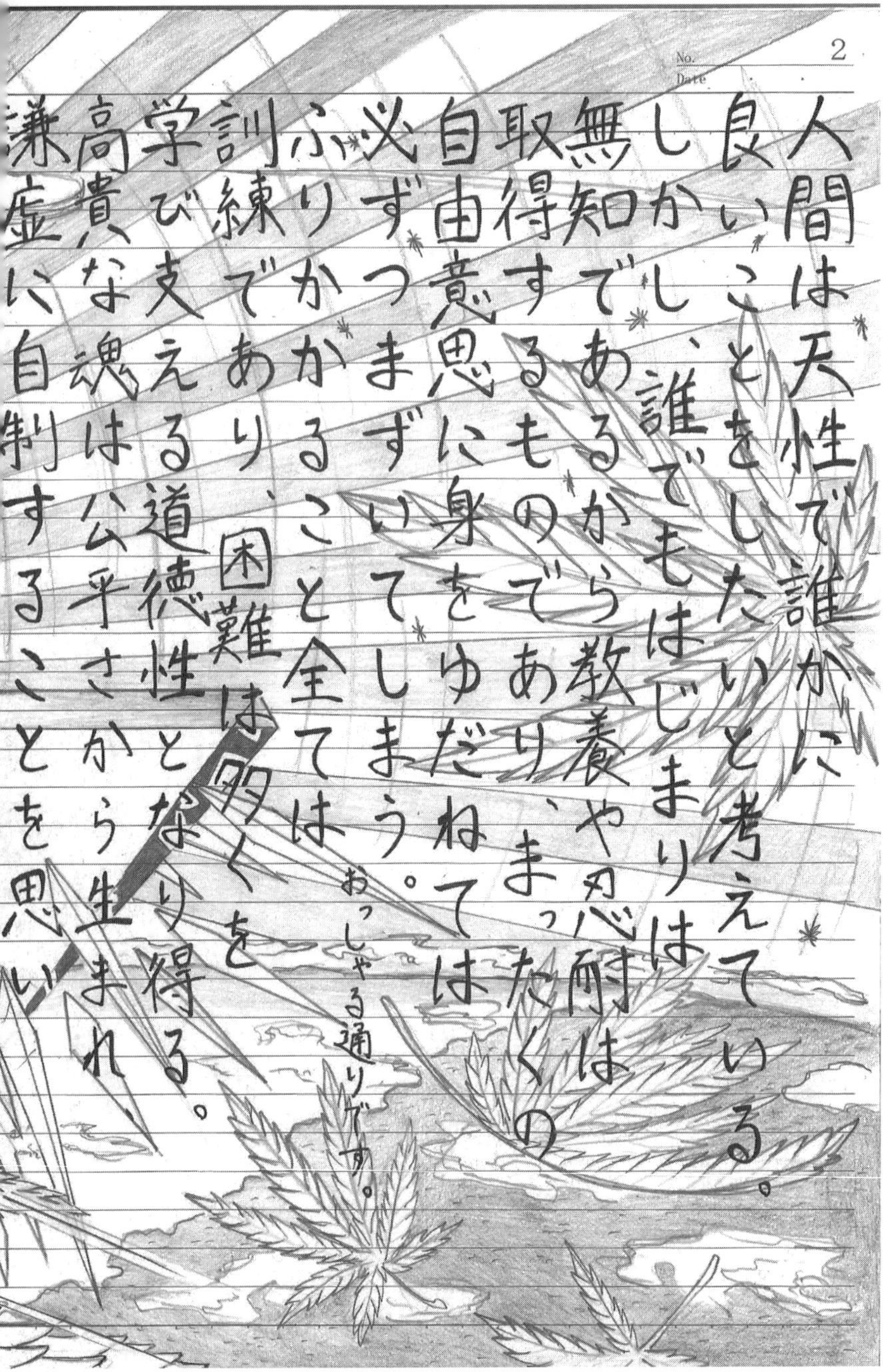

人間は天性で誰かに良いことをしたいと考えている。しかし、誰でもはじまりは無知であるから教養や忍耐は取得するものであり、まったくの自由意思に身をゆだねては必ずつまずいてしまう。

おっしゃる通りです。

ふりかかること全ては訓練であり、困難は弱くを学び支える道徳性となり得る。高貴な魂は公平さから生まれ、謙虚い自制することを思い

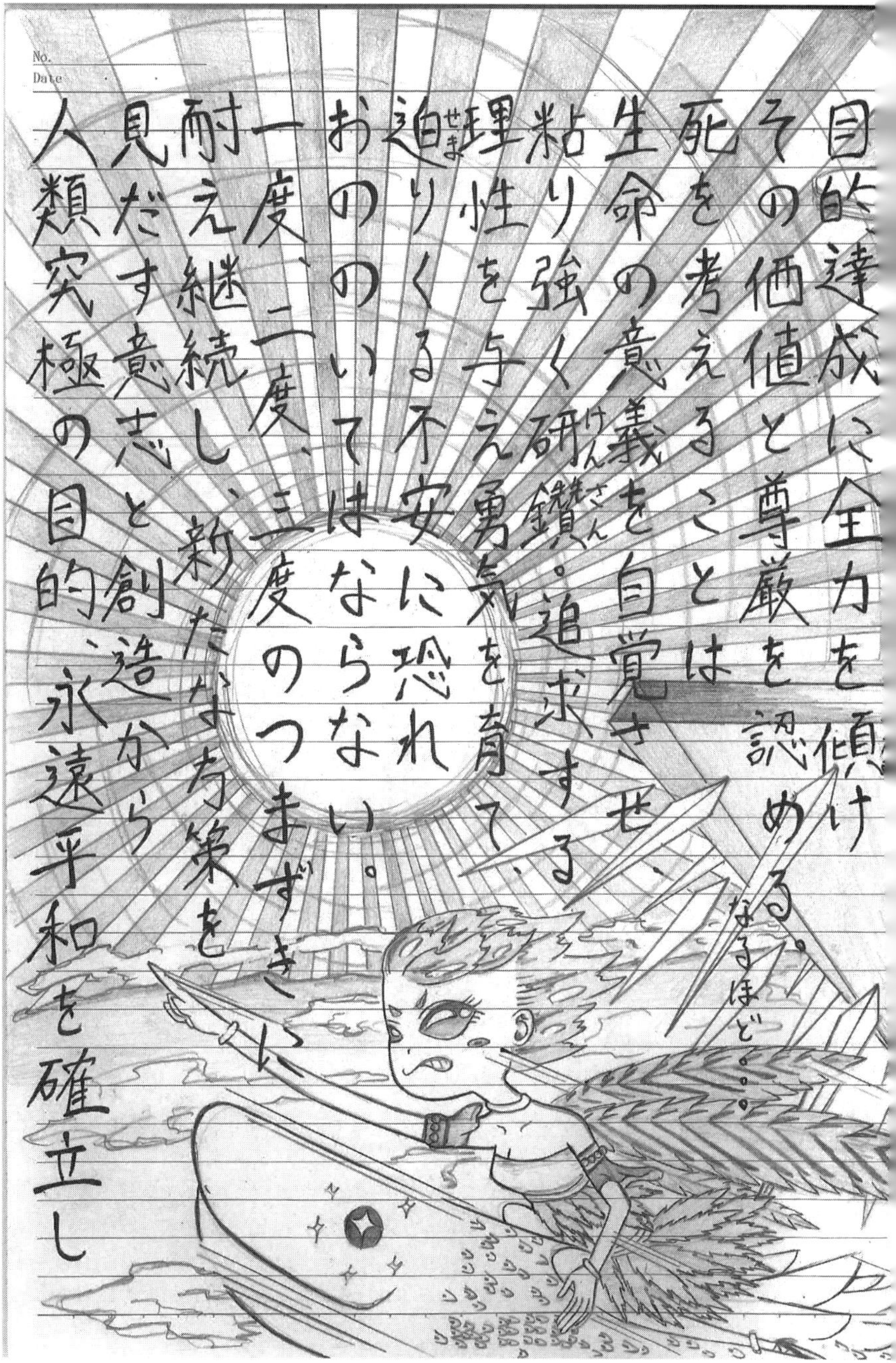

植松被告が獄中で描いたマンガ

THE • START

第
2
部

事件とどう向き合うか

映画「風は生きよという」出演の海老原宏美さん（右）

津久井やまゆり園「家族会」前会長・尾野剛志さん

黙ってしまうと植松に負けたことになる

尾野剛志
［やまゆり園「家族会」前会長］

事件の朝、体育館に4枚の紙があった

津久井やまゆり園での事件からまもなく2年ですが、考えてみればあっという間でした。1日1日を考えた時はすごく長くて、やっと今日も終わったという感じでした。僕は2015年3月まで17年間、津久井やまゆり園の家族会の会長を務めてきました。園や家族のほとんどが実名を出さず、取材も受けないという中で、僕だけは話をしなくちゃいけないという気持ちに駆られて名前を出しました。

多くのマスコミの方から取材していただいて、1日1日、事件について聞かれるのが辛かったんです。でも振り返ってみると、早かったなというのが今の気持ちです。

2016年7月26日は、朝7時半に園に行きました。5時15分に妻の友達から電話で起こされたんです。「尾野さんの息子、津久井やまゆり園だよね？　大変なことになってるから、ちょっとテレビつけて」と。慌ててつけたら、もう植松が逮捕されていて「15人死亡」というテロップが流れている。その後、犠牲者は19人になりました。

これは大変だということで私が駆けつけたのが7時ちょうど。園の中に入ったのが7時半でした。既にほとんどの遺族の方はいらしていたようで、僕は自分の息子の一矢《かずや》のことが心配だったので、体育館に行ったのですが、そこにA4の紙が4枚あって、1課、2課、3課、4課と書いてありました。息子がいる施設は4課なんですが、その4課を見たら、○が書いてあるのが5つ、×が書いてあるのが4つあって、何も書いてないのが8つか9つ。その何も書いてないところに息子の名前があって、立川の災害医療センターと書いてあったんです。だからすぐに向かいました。

一矢は何針も縫う大けがで、お腹を刺されて大腸がちぎれる寸前でした。全部割腹して、きれいに洗って縫い上げました。手術が終わった後も「明日の朝までは予断を許さない」と言われました。

その時、「本人と会っていって下さい」と言われて会いました。一矢は麻酔が効いているはずなのに、僕が看護師さんと話している時に、娘が「お父さん、一矢が泣いてるよ。お父さんの声、聞こえるんだよ」と言ったんです。見るとホントに涙が出ているんですよ。僕もどうやって家に帰ってきたかわからないほどのパニックでした。一矢は結局、44日間入院しました。

もともとお父さんとかお母さんとは喋らない、自分の言いたいことしか言わない子でした。それが、入院した時、4日目に行った時、急に「お父さん」という言葉を出してくれて、僕も感動しました。退院してきて、今は顔を見て「お父さん」とか「お母さん」と言って、話をしてくれるんです。だから一矢のために、生きている間は頑張ろうと思いました。

犠牲者が全て匿名になった背景

その後、遺族はいっさい匿名になってマスコミの前で名前と顔を出して話すことはないのですが、僕はそのことに反対なのです。7月26日、僕が行く前に遺族の方が5時半くらいにいらしてて、入倉かおる園長に絶対に名前を出さないで下さいとお願いをしたらしいんです。そこで園長と家族会の大月和真会長が津久井警察署に電話をしたんですね。

警察署は最初断ったようです。被害者の方は実名報道ですよ、ということで断られた。でも遺族の方が園長と会長に懇願して、もう一度津久井署に電話をしました。それで警察の方は本庁とも協議したんでしょう。「今回だけは障害者施設でもあり、遺族の方の意向にそって特例として匿名を認めます」ということで、匿名になったというんです。

しかも遺族だけじゃなくて負傷者の家族までいつのまにか匿名になってしまった。家族で実名を出して取材に応じたのは僕ともう一人だけでした。

僕はそれが納得できなくて、警察が「障害者だから匿名にします」というのは、差別じゃないかと思うんですね。僕は障害者という言葉自体も嫌いなんですけれど、健常の方も障害を持っている方もそれぞれ個性、特性があるんです。うちの一矢も一人の人間なんです。

この事件で「障害者だから匿名を認める」となると、犠牲になった方は名前が出ないわけですよ。19人の中には津久井やまゆり園で何十年も暮らしていた人もいたのに、そこにいたことにならなくなってしまう。彼とか彼女の人生は何だったのかなと思うと、植松にも殺されて家族にもまた殺されてしまったという気がするんです。

敢えてきつい言い方をさせていただくと、名前を出したくないという家族の方々が、被害を受けた当人でなくて、家族が差別されるから名前を出したくない。自分の保身で出さないんだと、僕はそう思っています。

亡くなった人はこういう人生を歩んできたんだよ、大変なんだって知ってもらうことが、この事件を風化させないことだと思っているんですが、今はそうなっていない。ただ、最終的に決めるのはご家族だから、心が癒えて話してくれるのを待つしかない。僕がそれに対して「実名にしなさい」とは言えません。

匿名にする理由は、障害者が差別されてきた、偏見がなくなっていないからです。だから多くの家族は子どもを隠しているんです。私の知っている人ですが、1日だけテレビで顔を出したのですが、故郷の方から電話がかかってきたそうです。自分の子が障害者とわかったら、親戚、近所みんなから言われて恥ずかしい思いをする。だから、それまで知らせてなかったようなんです。そういう差別が続いてきたことが、今回の事件で犠牲者が匿名になった理由です。

匿名では植松に負けたことになる

僕は妻と再婚しましたから一矢は僕の子ではないのですが、一矢が4歳の時に知り合って、全然恥ずかしいと思ったこともないし、障害を持った子がいることを隠そうと思ったこともありません。

僕が知っている範囲でも、子どもが津久井やまゆり園にいるのに一度も来ない人がいるんです。障害を持った人が亡くなった時に、家族がお墓に入れないという例もあるんです。これが現実なんです。知的障害者であっても自分の子どもはかわいいんですが、それをわかちあえない。だから仕方なく隠す人がいるんです。

家族会の人たちは互いに顔も知っていますし、匿名でという人たちに僕がおかしいとか言う立場ではないと思います。匿名にするかしないかは、ご遺族の方々それぞれ個人の問題ですし、第三者の我々が判断できることではないので、時間が経ち、ご遺族の方々の心の傷が癒えたら話してくれるのではないかと思います。それを待つしかありません。

事件の後、家族会でその問題について話す機会もありませんでした。２０１６年10月6日のお別れ会には、県の部課長も来たのに、遺族は一人も来ませんでした。まだ気持ちの整理がついていなかったのでしょう。

ただ、それから時間が経って、２０１７年7月22日に芹が谷園舎で祈りの集いをやったのですが、その時は亡くなった19人のうち8人の方の遺族、親戚なども含めて十数人が来ていらっしゃいました。僕が名前と顔を出して息子のことを語るのも、黙ってしまうと植松に負けたことになるんじゃないかと思うからです。

僕は家族会の会長を17年もやっていたので、植松とも面識があるんです。息子のいたホームとは別のホームの職員だったために親しくはなかったのですが、話したことも二度くらい覚えています。植松は僕のことを知っているから、「会長会長」と言ってました。催し物などの時にも「会長さん、一矢さん元気にやっていますよ」と言ってくれました。

逮捕されたのをテレビを見た時、最初は彼ではないと思ったんです。全然違う顔でした。職員になりたての写真が出て、初めて彼だとわかったんです。もともとの植松は好青年で、すごく朗らかでした。

でも、ある日突然刺青をしていることがばれてしまった。その刺青をどうすべきか園の会議でいろいろ意見があったけれど、当時は真面目にやっていたから刺青があるだけで辞めさせるのは酷じゃないかとなったのです。入浴介助や夏のプールの時はウェットスーツを着て刺青を隠してやってきました。

でもその頃から植松の言動が変わったと言われるんです。障害者に対しても馬鹿にするような言葉の虐待をするようになって、職員が注意すると「わかりました。すいません」と言うのですが、またそれを繰り返す。そうするうちに衆院議長のところへ手紙を持っていくという、あの事件につながっていったわけですね。

津久井やまゆり園建て替えをめぐる議論

2016年7月26日の事件の後、津久井やまゆり園をどうするのかという問題が起こりました。ダメになってしまった部屋が幾つかあって、被害がなかった部屋に入所者がギュウギュウ詰めで入り、それでも入れない人たちは9月1日まで2カ月ほど体育館で暮らしました。

その後、三浦しらとり園、県の建物で厚木の七沢の老人介護の建物、かながわ共同会が運営している秦野精華園と愛名やまゆり園、厚木精華園に何人かずつお願いをして、入所者が移りました。9月21日にうちの息子も七沢に行ったのです。それで事件当時、津久井やまゆり園にいた135人が全員、居場所を確保したわけですね。

そして9月に神奈川県の黒岩祐治知事が、私たちの要望に対して150名収容の昔の状態のままで建て替えますとおっしゃったんです。10月か11月に青写真ができまして、費用が60~80億円かかるとされました。

そうしたらその頃、全国の障害者団体だとかグループホームをやってる人たちとか、いろいろな人たちから「歴史に逆行してるんじゃないか」「地域で暮らすことが幸せなんだから、大きな建物を建てずグループホームなどにすべきだ」と反対の声があがったんです。

そこで、県としては「ではもう一度改めて検討しましょう」ということで、検討委員会の部会ができたのです。8月2日に最終結論を出して知事に報告したようです。あとは知事と県議会とかそういう人たちで精査して、最終的な県の方向性を決めたようです。

2016年秋に知事が発表して青写真まで作ったのにひっくり返ってしまったわけです。全国の障害者関連団体の方が反対をしています。ただ反対する人たちは津久井やまゆり園のことを知らない人たちで、家族とも会っていません。

もちろん反対の意味がわからないわけじゃないんです。２００３年に支援費制度ができ、国が改革した支援制度の一つとして、コロニー的な大規模施設は縮小しなさい、あとはグループホームなどにして、地域で共生社会の流れを作りなさいということになった。そこで宮城県、群馬県、兵庫県とか、長野県もそうですけど、全部ある程度小さくしたんです。

今やられていることは「順序が違う」

神奈川県が建て替えか改修かで打診してきた時に、僕ら家族会はもう改修は不可能ですと申し上げたんです。家族はほとんどの方が建て替えをお願いしたいということで、知事や県議会議長のところにお願いに行きました。その結果、知事が建て替えをしますと言ったのにひっくり返ってしまったので、家族会としてはすごく憤慨しているんです。家族の気持ちが全然汲まれていないことに、すごく憤りを感じています。

結局、専門部会は僕ら家族会の要望と違う方向に向かっているんです。分散化とか二極化とか色々言われてますが、施設を小さくしてグループホームとかにしようという方向に行っているので、それは僕ら家族会が県にお願いしたのとは、話が違うのです。

僕があちこちで話させていただいているのは、要するに順序が違うということです。グループホームに行きなさいというのであれば、先に津久井の周辺とか座間とか相模原とかに作って下さい。そうして僕らに選択肢を下さいよと。体験入所して、良ければ入所していけばいいんです。それが支援制度なんですから。

先にそういう受け皿を作ってもらって、それから話してくれれば、僕ら家族もちゃんと協力もします。津久井やまゆり園じゃなくたって、利用者がいつでも穏やかに暮らせるところがいいわけですから。

この建て替え問題にしても、匿名の問題にしても、知的障害者を含めた障害者と言われる方々が差別されているという現実が、まず問題だと思っています。

そうした差別は日本の文化や風土と結びついていて、根本的に変えるには100年かかるかもしれません。でも、僕はこの事件の背後にある差別や偏見をなくしていくことが一番大事なことだと思っているんです。

（談）

社会にとって他人事でしかないやまゆり園事件をどう引き受けるか

海老原宏美
［人工呼吸器ユーザー］

［編集部より］ここに掲載するのは、人工呼吸器ユーザーの海老原宏美さんの2016年の発言だ。海老原さんは脊髄性筋委縮症Ⅱ型という重度の障害で、移動には車椅子を使い、人工呼吸器を日常的に使用している。

2009年に仲間と人工呼吸器ユーザーの支援ネットワーク「呼ネット」を設立。2015年、呼吸器ユーザーの生活を描いた映画『風は生きよという』（宍戸大裕監督）という映画を製作、自ら出演した。映画のタイトルの「風」とは、人工呼吸器が吹き込む風をも意味した言葉だ。

海老原さんの発言は文字にしてみると深刻で重たい内容なのだが、それを明るく前向きに語るのが彼女の特徴だ。映画はいろいろなところで自主上映されている。

事件の後も障害者への差別は全く変わらない

――相模原事件について、発生当時感じたこと、それから何カ月か経って、周りの人の変化とか、話していただければと思います。

海老原　最初は、事件の残虐さに対してショックを受けました。19人の方が抵抗もできない中で殺されていった場面を想像すると、本当にショックです。

でも一方で、事件が起きたことに対しては驚かなかったというのが正直なところなんです。私は、重度障害者として生きてきた中で、ずっと差別をされてきました。差別というとすごく強い言葉ですが、排除・区別ですね。障害を持っていると常に社会から分けられながら生きていくことになるんです。

生まれてすぐ、普通は赤ちゃんが生まれたら周りの人たちから良かったね、おめでとうと言われます。だけど、障害を持った子が生まれてきたとなると、周りから絶対におめでとうって言われないんです。自分のところに子どもが生まれて、その子に重度障害があると言われたら、多分周りの人は絶句しますよね。なんて声をかけたらよいかわからない。可哀想ねというのも申し訳ないけど、大変ねって。雰囲気悪くなりますよね。

生まれた瞬間から障害者って歓迎されていないんですよ。そういう中で生きていく過程で、保育園や幼稚園にも、事故を起こすと困るからと入れてもらえない。学齢期になると特別支援学校の方が人手もあるし、その子のペースにあった勉強ができるからよいんじゃないですかと言われ、地域の学校に入れてもらえない。卒業して、地域で暮らそうと思っても今度は、火事でもあったらどうするんですかと、アパートを貸してもらえない。一人暮らしを始めようとしても、24時間ケアが必要なら施設に行ったらどうですかと言われて、地域から隔離されて排除されていく。常に排除されて生きているんですね。

そういう境遇の中でずっと、「でも私は地域にいたいんです」ということで生きてきました。でもやはり障害者が身近にいると面倒くさいし、コミュニケーションも取れないし、どうしたらよいかわからない。いないほうがよいと思っている人が実はたくさんいるんですね。

あの事件を受けて、可哀想だね、価値のない命なんてないのに、なんであんなことをするんだろうねって、みんな口々に言うけれども、じゃぁ「なんで重度障害者の命に価値があると思うんですか」と逆に聞くと、ちゃんと答えられる人はいないんですよ。

なぜその命が大事なのか。命が大事だということは、学校の道徳とかで習うけれども、なぜ大事なのかは習わないんですね。そんなものは一緒に生きていく中で感じとることだけれども、共に生きる環境がないから感じとれないし、誰も教えてくれない。その中で起きた事件なので、背景には複雑な環境があるのだろうけど、起こるべくして起きた事件なのかなと私は思っています。

あの事件が起きたあと何が変わったかというと、一番思ったのは何も変わっていないということかなと思います。変わったことと言えば、重度障害者という人たちが集まる施設があって、そこに障害者がたくさんいるんだということが世の中にちょっと広く知られたということですね。

でも障害者の命の価値を考える機会にはなっていないし、植松被告が本当に狂った人で、あんな危ない人を野放しにしておけないから、精神科病院や刑務所に早く入れてほしいと思う人が多いんでしょうね。危ない人、よくわからない怖い人をどこかに隔離しておいてほしいというのは、重度障害者の人は接し方もわからないし、ケアも大変なので施設に入れておいてほしい、という考え方と全く一緒なんです。

そういう負のループというか、人手もお金もかかる重度障害者という人がいて、その人たちの間で起きた事件というように、ちょっとどこか他人事な受け止め方が多いのではないでしょうか。国民一人ひとりが自分にとってどういう意味があるのかと、自分に結びつけて考えていけていないんじゃないかなと思います。

だから、私の周りにいる人でも、あの事件についてどう思うかとか、議論が盛り上がることがあまりないんですよ。私の生活は変わらない、皆さんの生活も変わらない。ごく一部の特殊な場所で起きた特殊な事件なんだと片付けられてしまっているという、そういう怖さが私の中にはずっとあります。

被害者の名前が出ないのは悲しかった

——周りの人の接し方で、事件の後、何か思うところはないですか?

海老原　障害者にも色々いるんですね。私はあまり自分のことを障害者だとは思っていなくて、ただの人、ただの海老原宏美だとしか思っていない。だから障害者として扱われるとすごく違和感があるし、もっと普通に話してくれればいいじゃんという感覚があります。

私は訊かれて嫌なことは何もないんです。なんで身体ぐにゃぐにゃなのとか、なんでそんなにガリガリなのとか、全然訊かれて嫌じゃないし普通に答えられるんですよ。ただ、障害者の中には、特に年配の世代はそうですけど、障害を持っていることがすごく特別で、それをちゃんと意識してくれないと嫌だし、配慮してくれないと嫌だと言う人もいます。

障害者自身が自分を特別扱いしてほしい、だって自分は障害を持っていて、すごく大変なんだから、ちゃんと考えてよ、みたいに思っている人もいる。そういう人は一般人と同じように扱われると逆に怒るんです。「私、大変なのわかるでしょう」って言われたりする。

そういうところは統一できないかなと思います。事件の時に、例えば匿名性のことが大きく取り上げられたじゃないですか。被害者の名前が出ない、顔が出ないのはどうなのかという意見があった。私もあれはおかしいというか、同じ障害を持つ人間としてすごく寂しかったんですね。

家族によっては、公表するとすごい取材が押し寄せて、落ち着いて悲しむ時間もなくなってしまうと考えた人もいると思います。そういう大変さはわかるのだけれど、あまりに被害者の背景やその人がどういう人なのかがわからなくて、障害者が殺されたということで一括《くく》りにされてしまう。誰が亡くなったということではなく、重度障害者が殺されたということで一括りにされてしまい、それで終わってしまう。そのことに悲しさを感じました。

この事件を個人のものとして、被害にあわれた方や関係者、施設で働いている人たち、そういう個人に対する事件として片付けようとしているのか、それとも社会の問題として取り上げるのかということで、その後の社会に差が出てくるのではないかと思うんです。

私たちは自立生活センターというところで活動をしていて、障害があっても、障害のない人と同じように地域で当たり前に人として生きていける、そういう社会を作るための運動をしているんですね。

こういう社会運動を障害当事者が始めた最初のきっかけは、１９７０年代に「青い芝の会」という団体が障害児殺しに対して起こした運動なんです。

障害を持った子どもの将来を悲観して、自分も介護がすごく大変だということもあって、親が障害のある子どもを殺したんです。その殺したことに対して近所の人たちが、どうかあのお母さんを刑罰に処さないでほしい、だって大変だったもの、すごく苦労していたのはわかっていたから、だから許してあげてということで、減刑嘆願運動が起きたんです。

それを受けて障害者たちが、自分たちは殺されてもいい存在なのか、ということで起こした運動が最初なんですね。私はそれをすごく思い出したんです。障害者って殺されても仕方がない存在なのかなということが、今回の事件とリンクして、頭の中に浮かんできたんです。

それを施設だけの問題だとか、重度障害者を持った家族だけの問題ということにしないで、社会運動としてこの事件の意味をちゃんと取り上げて広げなければ、ますます私たち重度障害者の生きていく場所がなくなっていくんじゃないか。そう思ったので、匿名性をどうするかという問題、個人の問題とするのか社会の問題とするのかは大事なことだと思います。

日本は今、逆のことをやろうとしている

――この事件を通じて、障害者に対する社会意識が変わったということはないのでしょうか？

海老原　私が当事者として感じることは、良かれと思ってやってくれることがだいたい差別なんです。特別支援学校とかもそうですよね。送迎をつけて、保護者の負担を減らして、人手も増やして、学校の中で手厚く見てもらえる。

あたかもその子のためになっている感じがしますが、学校の中ではそれでよいかもしれないけれど、社会に一歩出たら障害を持った人のペースで社会は動いていないんです。あっという間に取り残されていくわけで、それをフォローする仕組みは社会にはないんです。

確かに同じペースの子しかいない環境ではいじめもないと思いますが、社会に出たらいじめられるんです。トロいとか、仕事ができないとか。挙句《あげく》の果てに殺されたりするわけじゃないですか。それに対応する力は、特別支援学校では身につかないんですね。

そういうふうに良かれと思ってやってくれることが大概差別だという思いが私の中にあって、行政っていつもそういうところを勘違いしているなと思います。私が一番大切だと思っているのはインクルーシブ教育で、常に障害者だけでなく外国人だったり、いろんな人たちが学校の中で共同生活をする中で、どうやって自分と全然違うタイプの人と生活していくか学び合っていくことがすごく大事だと思っています。日本は今、全く逆のことをやろうとしているので、勘違いが多いと私は思っています。

私も街を歩いてて「偉いわねえ」って泣かれることがあります。でも、おかしいでしょう？　ただ普通にバスに乗っただけなのに、感動してお金をくれる人がいるんですよ。もらいますけど（笑）。

そういうのはちょっと違うんじゃないかなと思っていて、偉いわねっていう言われ方はすごく他人事な感じがします。どういう言われ方をするとよかったと思うかというと「私はあなたがこういうことをやっているのを見て勇気をもらいました。だから自分も明日からこういうことをやってみようかなと思います」とか、自分にちゃんと関連付けて、自分にとって私の存在がどういう意味があったかというところまで伝えてくれると、わー生きててよかったな、呼吸器つけながらバス乗っていて良かったなと思いますね。

当事者として生きていて思うのは、周りが思っているほど私は大変じゃないんですよ。大変なことも多いですけど、結構面白いんですね。目の前に障害が治る薬があったら飲みますかと言われたら、私は多分飲まないと思うんです。障害と生きるって大変なことがありすぎて面白いんです。別に強がりではなくて、障害があることで、健常者にはない喜びを得られる機会がもの凄くたくさんあって、色んな人に出会えたり、指が動く、手が動くことをすごく幸せに感じられたりだとか、世の中の一個一個の現象に対してすごく敏感になるんです。

私は進行性の障害なので、いつどう死んでいくかわからない、いつまで生きられるか、いつまで体が動くかわからないという状態に置かれている。死ぬことが身近にあるんですね。だから逆に今やれることとやらなくちゃとか、生に対する、生きるということに対する意識が健常者に比べると日常的に自分の中に湧き上がる機会も多い。1日1日を面白く楽しく生きていこうという思いがすごくあって、障害者として生きるってすごく面白いなと思うんですね。

なぜ自分たちで映画を作ったのか

――海老原さんたちは、映画を作って自主上映を呼びかけていますが、どういうきっかけでそれを製作したのですか。

海老原　もともと映画を作ろうと言い出したきっかけは、尊厳死法制化の動きがあって、何とかそれに反対したいということでした。私たちは人工呼吸器を使っている人たちの地域生活支援をやっています。尊厳死を法制化していこうという流れは長年あるのですが、この映画を作ろうとした直前に、にわかに盛り上がって、法律の案が出てきたんですね。

その案を読んでみると、医師は、患者本人が望まない延命治療を行わなくても責任は問われないと書いてあって、その延命治療の中に私たちが使っている人工呼吸器とか、経管栄養が入っていたわけです。

元々は、高齢者の老衰死をいたずらに長引かせることへの対策から始まっているようですが、「結果として」障害者も巻き込まれていく危険性が大いにありました。自分の死を自分の望むタイミングで選ぶというのはすごく美しい言葉に聞こえるんですけれど、私は、本当に死にたい人はこの世にいないと思っています。死にたいと言っている人はたくさんいますが、それはこんなふうに生きたいという思いが強いが故に、それが叶えられないから辛くて死んでしまいたいと言うのだと思うんですね。

だから、まず社会を変えるとか、安心して生きていける環境を整えていくことが先なんじゃないの、という思いが私たちの中に強くあります。死にたいと言った言葉だけをパッと取り上げて、じゃあ殺してあげようよというのは間違っていると思うんです。

それを伝えるためにどうしたらよいかを色々考えました。まず人工呼吸器をつけて生きるってどんなイメージですかと聞くと、集中治療室でたくさんの管につながれて、意識もなくて会話もできなくて、ただ死を待つだけというイメージが皆さんの中で大きいんですね。私たちみたいに普通に地域で呼吸器を使いながら生活している人もいる一方で、そういうイメージだけが先行してしまっている。そういう現実が怖かったので、まずは自分たちの生活を見てもらい、知ってもらって、その上でもう一回考えてというふうに社会に投げかけたいと思ったのです。それが映画を作ったきっかけですね。

※映画『風は生きよという』公式ホームページ http://kazewaikiyotoiu.jp/

娘・星子と暮らす身として植松青年には言わねばならない

最首 悟
［和光大学名誉教授］

［編集部より］最首悟《さいしゅさとる》さんは、1960年代末の東大闘争に助手として関わったことで知られているが、その後、和光大教授などを経て、現在は駿台予備校講師のほか評論活動などを続けている。この1〜2年は、相模原事件について新聞などで発言することが多かった。それは星子《せいこ》さんという41歳になる重複障害の娘さんがいるからだ。

そして、2018年4月、植松聖被告から手紙が届いた。

《突然の手紙を失礼致します。この度は、最首さんにお尋ねしたい問題があり手紙を書かせていただきました。「妄信」や神奈川新聞の記事から最首さんのお考えを拝読させていただきましたが、現実を認識しつつも問題解決を目指していないよう映ります》

そんな文面だった。植松被告の行った行為は、自らの言う「心失者」に対して自分なりの解決策を示したものだ、ではあなたはどんな解決策を示せるのか、と迫っていた。

障害のある子をもつ家族に容赦なくこんな手紙を送りつけること自体、並みの神経ではできないことだ。植松被告はこうも書いていた。

《最首さんは私のことを「現代が産んだ心の病」と主張されますが、それは最首さんも同様で、心失者と言われても家族として過ごしてきたのですから情が移るのも当然です。最首さんの立場は本当に酷な位置にあると思いますが、それを受け入れることもできません。人間として生きるためには、人間として死ぬ必要があります。お手紙を頂戴できれば光栄です》

普通なら怒って無視するところだろうが、最首さんは、敢えて応えることにした。植松被告を変えることは難しいかもしれないが、植松被告に賛同するような人がこの社会に存在することに対して、ぜひ発言していきたいからだという。以下、最首さんの主張を掲載する。

植松被告の言う「心失者」という概念

まず私が問題にしたいのは、植松青年が人間の条件というものを定めるところです。彼は、生きていても仕方ない存在として、「心失者」という概念を作り、そういう人たちを殺害することが社会の問題を解決するためのひとつの方法であるというわけです。そして私への手紙で、自分はそれを示した、ではあなたはどういう解決法を持っているのかと問いつめているわけですね。

植松青年は、本人の意思を示せないような人たちを「安楽死」させよと言うのですが、安楽死の定義を間違えています。2005年に、松村外志張《としはる》という技術者・研究者が、「与死」という概念を提唱しました。これは、脳死は人の死かという議論をこえて、社会が一定の基準を満たした人に死を受容させるというものです。この「与死」は、さすがに大きな議論にはなりませんでしたが、植松青年の主張は、この与死に近い。本人の意思を無視して死なせるというのは安楽死じゃないんです。

1970年代初頭に、カソリックの状況倫理の議論で、一番ひどいというか先鋭的だった、ヨゼフ・フレッチャーという人がいます。「脳死を死とするか」という議論の前触れ、生命倫理の先駆けです。植松青年の考え方は、そのフレッチャーの人間の条件づくりと見合うのです。でも植松青年は、そうした生命倫理や脳死についての議論は読んでなさそうですね。

曽野綾子の小説に『神の汚れた手』(朝日新聞社、上下1979~80年刊)というのがあります。小さな産婦人科医院を舞台にした小説で、その中に、若い産婦人科医が、取り上げた子どもを死産扱いしていくという話が出てきます。1970年代には、ベトナム戦争で使われた枯葉剤などの影響を含めて、いろんな障害をもつ子が産まれたわけです。見るに見かねて、医者が親には知らせず死産扱いにするという話です。

フレッチャーの〈人間の基準〉も引用されています。第一は「最小限の知性。スタンフォード・ビネー式知能でIQが40以下の者は人間(person)かどうか疑わしい。IQが20以下は人格人として通用しない」です。でも私の三女の星子は、そもそもIQテストなんて受けない状態なんです。〈新しい収穫〉とされた脳死臓器移植では、妊娠過程で胎児が大脳のない無脳症ということがわかったケースで、出産させて、臓器提供体とすることを、社会に対するギフト、贈り物として英雄的行為であるとお母さんを説得して出産させた例があるんです。そこでは、脳死体や無脳症児というのは、「物体」とされている。ちょうど植松青年の言う「心失者」と同じ扱いです。

アメリカの特徴は、生きているということはイコール魂があるということで、絶対に生きているものからの臓器移植は許さない。逆に魂がなければ生きていると見なさないという立場が主張される。日本では梅原猛が、むしろ生きながらにして、生き肝をあげるのが東洋の伝統であるということを言いました。本人の意思で、生きながら自分の臓器を提供するというのが仏教的意味で正しいという少数意見です。梅原は、脳死は人の死であるという見方を否定したうえで、そう言ったわけですが、本人の意思というのが問題なわけです。

植松青年が「心失者」という概念でこだわっているのも意思があるかないかですよね。意思がない人間とは彼の場合、自己認識、理解、共有、理性、良心、最低限度の自律としての移動、食事、排泄ができない人です。彼はその中でも特に、排便、排泄物に対する忌避が強い。それで私は新聞に弄便のことを書こうとしたのですが、一般紙ではちょっと扱えないということでした。

でも、弄便というのは大事な問題で、例えば私の次女は、老人介護の仕事をしていますが、ある男性が自分の大便で、壁いっぱいに絵を描き、それをほめるとすごく喜ぶそうです。老人介護の第一人者である三好春樹と対談した時にも話題になりましたが、便に対する執着というのは、やっぱり人間の根底にあるんだと思います。

絵を描くというより、大便で描くということに意味があるんでしょう。ほめると喜ぶというのは、愛着があるからですね。自分の分身ということもあるのかもしれません。娘の星子を見ていても、彼女は大便を触るということはしないのですが、おむつに大便をしている状態で不愉快だとかそういう感じがないようです。

一方、植松青年は、無菌思想と朝シャンブームに育ってきた世代だからか、障害を持った人の弄便については激しい拒否を示すんですね。彼は、心というのは必ず表現されて出てくるものだとしている。表現行為の中で、心があるかないかがわかるんだと。そして排泄の始末ができないのは、人間とは言えないと言うわけです。でも、心がないという状態はどういうことなのか。そもそも表現されない感覚、表現の網に捕まらない心があるというのは、大前提でしょう。そこを彼は考えていないんです。

「わからないこと」がなおざりにされている

ある意味で植松青年は使命感があるんですね。自分は絶対正義であると信じ込み、人から悪と言われようとも自分は正しいと思い込んでいる。もう一つは教育偏重で、彼は教育によって人間は天使にもなれるし、悪魔にもなるとも書いている。つまり教え込む、あるいは人を洗脳することは可能なんだと思っているのでしょう。

植松青年と文通してみようかと思った理由のひとつは、私にとって一番の問題が「わからなさ」、そして「ためらい」があるためです。逆に、「わかる」ということや「決断」について、どうしてなのか?と訊いていきたいのです。

私が教えている駿台予備校は2018年、朝日新聞社とのコラボで「『知の広場』リレーゼミ20

18」というプロジェクトを立ち上げたのですが、そこで私は「わからないということとの感触」というテーマで話をしました。「わからない」ということが、あまりにもなおざりにされています。若い人たちは、わかる努力をすれば、わからないことが減るかのような幻想のもとに教育されてきたし、自分もそうでした。でも、全体という嵩《かさ》がわからなければ、どれくらいわかったかという比率などは言えないわけです。

NHKスペシャルの「人体」シリーズの中で、タモリが「科学の進歩で、これだけ驚異的にわかったんですね」と言うと、山中伸弥教授が「いやいや、3割くらいしかわかってないんですよ」と答えていました。でも考えてみれば、これはおかしい。全体が100だとわかっていなければ、3割なんてわからないんです。

この、あたかも全体が固定されているという考えは、デカルトが提起した図式なんです。デカルトは、全体に立ちこめている霧を少しずつ晴らしていくと、最後には晴れ上がりになるという。この考え方は、直線的進歩という近代を用意するわけです。それに対してパスカルが異議を唱えた。1わかると、わからなさは10増えるかもしれない。わかるのに伴って、わからなさは増えていくんです。

植松青年の言う「解決」とは

植松青年は「心失者」と言いますが、自分の家族や友人、そして自分自身が「心失者」になる可能性について考えたことはあるのでしょうか。そして自分は「解決策を示して実行した」というけれど、彼の言う解決とはどういうことなのでしょうか。

彼は衆議院議長宛の手紙に「260人を抹殺します」と書きましたが、それが最終的な問題解決だとは思ってないでしょう。そうすると彼の言う解決とは、例えば「与死法」というような法律をつくって、医師が条件にかなう人を自動的に排除していくというようなことでしょうか。

フランシス・フクヤマは『人間の終わり』（ダイヤモンド社、2002年刊）で、社会的資源が一方的に流入するだけの認知症老人や寝たきりの老人をどうするのだ、と問題提起しました。植松青年のそれに対する解決策は「殺してしまいましょう」です。

では、どれだけ殺せば済むと思うのか。自分も遠からず殺されていいのか。彼は安楽死の定義も間違えているくらいですし、死と向き合うことについても、簡単に「向き合わなきゃいけない」と言っているけれども、向き合っているとは思えません。

「自分がどうして生まれてきたのか」ということについての、解決できない「わからなさ」の中に、大切なことがあるわけでしょう。でも、そういう思いが彼にはない。私に対しても、「障害者の娘と一緒に暮らしていることは過酷な状況だということはわかるけれども、何ら解決策を持たずにのんべんだらりと暮らしているじゃないですか」と言う。私の回答は「はい、その通り」です。

「わからない」ということの中で暮らしていて、そりゃ、いろいろとわかりたいんですよ。でも、今のところわからない。わからないからこそ、いろんな希望も期待もある。「わからなさ」のオリエンテーション、定位と言いますが、これがどれだけ穏やかな人間の心の状態を導くかということを、植松青年に知ってもらいたいと思うんです。

彼は「心失者」は無駄なんだというだけですからね。自分たちのお金、国家のお金をただ使ってしまうだけだと。そのことについて、本人には意識がないと仮定している。つまり、消費材、金食い虫だから「始末しなきゃ出費がかさむ」という。それがもし一般の人々の意見になり、社会的システムになり法になって、そういう金食い虫を排除、駆除する制度が出来上がって現実に作動した時、社会はどうなるか。そこへの想像力が本当にない。

それは何なんだろうと思うんです。自分自身をその中に入れることができない、自分自身がそうなることを想定しない。自分は居ながらにして正義だというだけでは、自分の扱いようがないんじゃないかな。彼は外見的な不細工といったことは気にするけれども、内面の問題はどうでしょう。

人間における「二者性」の問題

かつて東大闘争では「自己否定」という意識を持たざるを得なかった。日本の風土そのものの中に自己否定の思想はあるわけだけれど、その後、自己反省を「自虐」として排除する言い方が出てきた。「自虐史観」ということも言われるようになりました。植松青年は、その流れの中にもいるのではないかと思います。つまり自分を顧みるということが、自分を不当に扱う、自分を不当にいじめ抜くことに直結している。そしてそれによって利する者がいるはずだ、それは日本人ではないという。

これは日本の風土論の中でひとつの大きなテーマなのですが、私たちは本当には自己否定ということもできないし自己反省もできない。できないゆえの、日本社会を成り立たせている風土というものが、言語とともに思想として発展してきたわけですね。

それは、私が今取り組んでいる「人間における二者性」と関わりがあります。そもそも「人間」という不思議な呼び方。そして一人称の省略という日本語のありかたの問題。特徴としては、能動態と受動態とは違う、中動態というのが日本には現代も残っているのではという問題です。哲学者の國分功一郎が2017年出した『中動態の世界――意志と責任の考古学』（医学書院）で、西欧では、責任と義務をめぐって、その観念が個人という成立で明らかになってきた時に、中動態は消えたとしています。

でも問題は、日本ではその中動態が現に残っているということです。人間という場所的存在、場的存在と人格を与えられた個人。両者はどうも違うようなのですが、場ということの中で、関係性存在として規定される人間というあり方の中で、一番苦労してきたのは、責任の所在です。

それで「成り行き」ということが重要視された。丸山眞男は晩年、「つぎつぎに なりゆく いきほい」ということを言いました。これが日本の基底にある通奏低音だという。成り行くということが、大きい認識です。つくっていくんじゃない。ポイエーシスじゃなくて成り行く。

「茶碗が割れました」あるいは「お茶が入りました」という言い方に、それは表れています。茶碗が割れたというのは、茶碗にも責任がある。私の責任もあるだろうけれど、意図して割ったわけじゃないという弁明も込めて、茶碗にもしかるべき理由があるだろうし、情況そのものにも割れるという情況があった。そして茶碗が割れた。私の関与は否めないけれども、それを全部、私の責任とすることには違和感があるし、周りもそういうふうには追及しない。これが中動態です。

「お茶が入りました」というのは、私がいれたというのでは押しつけになる、あるいは誰かがいれたにしても、お茶が入っている状態だけを言うことで、相手に対するもてなしや好意や敬意を表現しようと。非常にニュートラルな表現です。人称を外してしまう。

例えば私が一番問題にしているのは、「陛下」という言い方なんですね。陛下というのは階段の下でうずくまっている私のことです。階段の上にいる、遥か彼方の人に向かって、陛下と呼びかけるというのは、非常に複雑です。

お医者さんには手紙などで「机下」を使いますね。これも同じで、机の下で這《は》いつくばっているのは私なのに、机下と相手に呼びかける。

あるいは関西などでは今でも、相手を「自分」と呼ぶことが多い。たとえば若いお母さんが子どもを叱る時に、子どものことを「自分」と言う。「自分、今何やったかわかってるの⁉」という時、この「自分」の中に母親自身も入っているということはあるんだろうと思います。そういう自他未分の問題、自他の取り違え、などが「二者性」に含まれます。

植松青年がかつて教師を目指した意味

中根千枝が『適応の条件』（講談社現代新書、1972年刊）で述べていますが、西欧では個人と個人は、存在ということが第一に出てきて、関係性は後からくる。関係性に個人の存在が呑み込まれることはない。それが適応の条件のA型です。日本社会はB型で、関係性そのものの中に、個人と個人が取り込まれてしまっている。この関係性を、私は二者性と言ってみる。独立存在に成れない関係存在です。しかも私たちは社会的に、西欧人よりもひとりぼっちなんですよ。

上野千鶴子の「おひとりさま」なんていう言い方は、どうも個人という思想のもとに組み立てている感じがあるんですね。ゴッドがいる世界では、完全に一人のみの個人というのを想定できる。しかし日本人が個人を扱うと、individualという不可分な、しかし神の下における唯一人格の個人ではなく、ひとりぼっちの孤人になってしまう。無に至るような唯我独尊ではない結我独存状態というのは、やはり西欧とは違うわけです。

戦後、とにかく軍国主義日本と別れるには、個人のあり方というのを取り入れなければならないと、「個人の尊厳」が生まれながらの権利として付け加えられているのですが、やはり権利というのは神に対する応答義務、responsibilityをもとにしての概念です。これは非常に大きいと思いますね。

権利というのは、戦争を知らない若い世代にとっては、もう得手勝手でいいんだということになりがちです。野放図な自由というのが権利と結びついている。さらに、権力側が「権利を主張する前に義務を果たせ」と言うものですから、余計おかしくなってしまうんですね。植松青年は、そういう権利なんていうものはそもそも、物体にはないと言うのでしょう。物と化してしまった人間には基本的人権も何もあるか、ということでスパッと切られてしまいます。

シモーヌ・ヴェイユのことを、植松青年に書こうと思っています。「世界にたった一人いるとせよ。さすれば義務のみがある」と。世界にたった一人いる時、権利という概念は無意味である。しかし神への義務というのはある。その垂直的、原契約的な義務が水平化されて社会の中にいる人に向かい、一人の人に他のいろんな人から水平化された義務の行為がなされた時、その人に権利が発生するのだと。

例えば赤ん坊を考える。赤ん坊は腹がすけばミルクを与え、泣いていれば抱き上げるでしょう。皆がそういう義務を果たすと、赤ん坊にその結果として権利があるように見なされるという。これが日本人には一番わかりやすいんじゃないかと思います。しかし日本には、原契約がないものですから、社会契約もない。民主主義というものをなかなか取り入れることができない現状です。つまり私たちには、権利・義務が「わかる」と、そう簡単に言えるような社会じゃないんです。

植松青年は、かつて教師を目指していましたね。やはり教師、特に初中等教育を目指す場合、親の影響というのは結構あるんです。親が教員だということは意味がある。教育というのは刷り込み主義、それから福祉というのは管理主義。この2つをどう脱皮するかということが、20世紀末からの課題で、21世紀になだれ込んでいるんだけど、やはりそこはまだ払拭できていない。彼もその系譜にいるのかな。教育で、人を天使にも悪魔にもできると彼は言うけれど、じゃあ自分はどう教育されたと思うのでしょうか。

植松青年と賛同者に言いたいこととは

植松青年には優生思想はないんじゃないですか。それから障害者差別もないと本人が言うのは、そうだろうなと思います。それは結構力を込めて主張するんじゃないかな。

彼にとっては、障害者はあくまで人間なんですよね。人間じゃないというのが、障害を越えちゃっている、いわゆる重度の障害者。彼が「私は障害者のことは差別していない」というのは、要するに彼の定義の話です。意思疎通ができれば、身体が動かなくともそのことでその人を何とも思わないと。問題は、人間の条件というのを自分でつくっていること。そしてその条件にかなわない場合、その人を抹殺する、廃棄するというところまで行ってしまう。彼にとって、自分の考えに賛同してくれる人がいるはずだということは、支えになっているのでしょう。

私は、植松青年と植松青年が思う賛同者に向けて、やはり星子と一緒に暮らしている身として、発言していかなければなりません。根本は、「わからなさ」と「ためらい」、そして「優柔不断」。やはりどこかで、「わからなさ」と「ためらい」というのは、歯がゆいほどの「優柔不断」になる。

柳田國男は、つい最近まで人は一時に百語という語を発することはなかったし、村の寄合で、ほんのわずかなことを決めるのに、どれだけ時間をかけたかということを書いています。優柔不断で社会が行き詰まってしまうということはないのです。時間に追われ始め、時間泥棒が登場して時間に煽られるようになると、やっぱり合理と即決主義、あるいは能率ということが優先される。

私の立場は、〈いのち〉はわからないということです。神はすべてを知っているというアナロジーとして、〈いのち〉はすべてを知っていると言ってもいいのですが、〈いのち〉が神と違うのはご託宣がない、〈いのち〉から直接発信されることはないということです。その「わからなさ」から、きっと何かが起こる、次は何につながっていくんだろうという期待が生じる。

私が唸ったのは、中原中也が、息子を亡くした後に詠《よ》んだ「ゆきてかへらぬ」という詩で、「目的もない僕ながら、希望は胸に高鳴つてゐた」という表現に出会ったときです。そこに、「わからなさ」の温和な形がある。植松青年は、「私は問題解決を提示した」と明快に言いますが、それはどのような目的に従ってやっているのか。問題解決という発想そのものが、目的を前提としていますが、「わからなさ」の中では、そもそも最初の段階で目的ということがわからなくなっているんです。

駿台で、医系論文や医系英語論文を教えてきているのですが、なぜ勉強するのか、何のために医者になるのかというのが中心課題なんですね。これは結局わからない。

山口大学の元学長で、数学のノーベル賞と言われるフィールズ賞を獲った広中平祐は、「私は結局わからないんだ」と言うんです。わからないけれど私は若者に断固として勉強しろと言う。「わからなさ」というのは、「何のために?」という問いに答えられない。

私はそれを「問学」と呼んでいます。「わからなさ」へのオリエンテート、定位というものは、問学という学問的営為じゃないかなということで、「問学宣言」をしました。

待ち構えている2025年問題

先ほどのフランシス・フクヤマもそうですが、超高齢化社会、認知症８００万人と言われる中で、どのような社会が維持できるのか。この問題が待ち構えていることはみんなわかっています。２０２５年問題は、７年後に迫っている。その中で、世界的に見て、安楽死というのはどうして増えないのだろうと私は思うんです。臓器移植が増えないのはわかるんだけれど、安楽死はどうして増えないのか。

オランダの安楽死が日本で紹介された時、非常に印象的だったのが、家庭医の苦しみでした。60ほどある段取りを一つでも抜かすと刑事罰、訴訟の対象になるので、そのことだけで大変だということはわかるのだけれど、それに加えて、人の死に携わるということ。自分が最終的に死を与えなくちゃいけないというのは非常に厳粛なことで、ふざけてはいられない。家族や友達と楽しむことができない、いやそういう集いから外される。安楽死の患者を年間３人もつとしたら、本当にひとりぼっちになってしまう。それは耐えられないんですと。安楽死の最終実行者は医者ですから、医者の耐え難い苦しみが、安楽死がなかなか進まない原因なのかなという気がします。

植松青年の問題提起の先にあるものを考えれば、与死法ができて、お医者さんが条件を満たした意識のない人たちに死を与えていくということになるけれども、果たして若者はそういう職業に就きたいのか。医者になりたくて医学部進学を目指している学生に、自分の中心的な職務がもし与死だったとしたら、今の気持ちとつながるかというと、やっぱり生徒は混乱します。自分はそんなつもりで医者を目指しているんじゃないんだと。お医者さんに安楽死、与死、自殺幇助《ほうじょ》をさせるということは、過大な要求なんですよね。

娘・星子と私たちの生き方

植松青年の事件の後、津久井やまゆり園のような施設のあり方をめぐる議論が起きましたが、私たちは娘の星子を施設に預けたことはありません。母親の気持ちもありますが、一度、デイサービスの施設、一時的に預ける施設の見学に星子を連れていったのですが、戸口から中へ入らなかったんです。2回そういうことがありました。私たち夫婦は、まだ娘のことを看ることができる状態ですから、差し迫ってはいないということもあります。星子は今41歳ですが在宅です。

制度的には切れ間のない24時間ケアなど、いろんなニーズに対応する福祉サービスがありますし、デイサービスも送迎や入浴や散歩など、いろいろありますが、私たちはまだ一度も使ったことがありません。

星子を基準にして、施設に入れなきゃいけない家庭のことをどうこう言うつもりはありませんが、施設がないとした時、どうするのかというのは考えます。施設というのは、歩道橋の役割を果たしていると思うのです。自動車が円滑に走れるようにするための歩道橋ですね。

少し茶化して言いますが、うちは4人子どもがいて、上の3人は学校に関しては皆勤賞でした。家にいると星子の世話を押し付けられるからと（笑）。親としては、将来星子の面倒をお願いするということは彼らには言わないというのが夫婦の思いです。

星子は、音楽を聴いていれば平静でいられる。これは特性だと思うんですね。作業所へは母親の判断で行くのですが、そこでも寝そべっているだけです。ほとんど音楽を聴いていて、食事は日に2回。便通は週1回。こういう状態が続いています。今日も朝から布団がおしっこだらけになって、母親は怒ってるんだけど。紙オムツの存在も大きい。

小さい時はヨーグルトなんかもすぐには手に入らなかった。コンビニにも助けられています。紙オムツも大量ですから、ゴミに出す時はやはり後ろめたいですよ。そういう文明社会こそが、重複障害の星子をつくりだしたとも思うけれども、そういう社会の恩恵をも受けていて、「否」とははっきり言えない。その思いを『「痞《ひ》」という病いからの』（どうぶつ社、２０１０年刊）という本に書きました。

星子は風邪もひかないし、本当に医者いらずです。でも障害の程度でいうと1級で、ランクが一番重い障害です。これはいつも枕詞《まくらことば》みたいに言っているのですが、目が見えず、しゃべらず、自分で食べず、噛まず、排泄は無関心、動くことをあまり好まない。そして音楽が本当に主食みたいな存在です。

私も喜寿を境にして、お酒を完璧にやめました。規則正しいというか、ルーティンの生活の繰り返しをしないと、星子が安定しないんです。泊まりがけの講演ももうお断りしています。今はまだ訪問介護などもお願いせず私たち夫婦で星子を見ていますが、もうそろそろそれも終わりかもしれません。心配はしていません。頼りになる人たちがいますから。

（談）

犠牲になった19人の「生きた証」を求めて

西角純志
［津久井やまゆり園元職員］

19人の「生きた証」を言語化する試み

私は、津久井やまゆり園に２００１年から２００５年まで職員として勤めていました。今回の事件を発生直後にニュースでみて大きな衝撃を受けました。情報が少ない中、居ても立ってもおられず、献花に行きました。その後、取材を受けるなかで、19人の亡くなった方のうち7人とは、在職中、直接お世話をした方であったことを知りました。

津久井やまゆり園の事件から半年を経て、ＮＨＫは２０１７年1月26日に「19のいのち」というサイトを立ち上げました。犠牲となった19人のプロフィールをイラストを使って紹介し、関係者のコメントやいろいろな意見を取り上げています。

それ以前にＮＨＫで放送されたのが、私が出演した２０１６年12月6日の『ハートネットＴＶ シリーズ相模原障害者施設殺傷事件——匿名の命に生きた証を』でした。

その活動そのものは『創』２０１６年10月号「亡くなった19人中６人が私がお世話した方だった」

や『現代思想』同年10月号に「津久井やまゆり園の悲劇――『内なる優生思想』に抗して」を寄稿した2016年9月から始まっていました。私は、やまゆり園の元職員として自分にできることは、19人の「声なき声」を拾い集め、文字化・言語化していくことだ、と思っていました。その頃は、ちょうどNHKから取材を受けていた時で、『ハートネットTV』の密着取材のもと、私はやまゆり園関係者に連絡を取るようになったのです。

この事件では、犠牲者19人は「語ることができない人」、「語るに足る人生がなかった人」とされています。遺族の感情を考慮し、名前を公表しないという警察の「匿名発表」もこれを裏打ちしています。彼らは殺害される以前から語ることができない人にされておりました。19人が記号としてしか処理されていない今回の事件を見て当惑するのは私だけではないと思います。

犠牲者一人ひとりの人生は、津久井やまゆり園で共に過ごしたボランティアさんも含めて多くの人々の心に刻まれているはずです。19人の「生きた証」を言語化・文字化するという試みは、植松被告の「障害者はいなくなればいい」「障害者は不幸をつくることしかできない」という言動に対する社会的なアンチテーゼでもあります。「痕跡も何もなくなればいい」ということではいけない、痕跡を残していく必要があるのだ、それが事件を風化させない、忘れない、というメッセージになると考えました。

今後、「匿名」での裁判員裁判が予想されますが、裁判における証言として、「生きた証」というものが意味をもつことになるとも考えられます。

犠牲者を知る人を訪ね歩く

今回の「聞き取り」活動そのもののアイディアは私ですが、やまゆり園に勤めていたのは２００１年から4年間だけなので、園に36年間勤務した太田顕さんに協力を依頼しました。太田さんとは懇意で、『現代思想』の原稿を見てもらったりもしていました。

具体的にどのような取り組みを行うか、ということで、２０１６年11月から元職員などに「聞き取り」を始めることにしました。２０１６年11月5日に太田さんの家で打ち合わせをして、ＮＨＫ『ハートネットＴＶ』取材班の同行のもと、２週間ぐらい連日、連夜、やまゆり園関係者などいろいろな所を回りました。

「聞き取り」活動に先だって、太田さんは、関係者から情報を集めて犠牲者19人のリストを作成してくれました。そのリストを見て唖然としました。19人中７人が現役時代に支援をしていた方々だったからです。「とても悔しい」「いたたまれない気持ち」になったことを覚えています。太田さんと私は誰をどう訪ねるか、という計画を立てて、最初にボランティアさんを訪ねました。ボランティアさんは入所者を知ってはいたものの、ごく短い期間なので、名前と顔がなかなか一致せず、思い出というところまでは出てこないようでした。

やまゆり園は同性介助が原則なので、男性の入所者についてはほぼ分かるのですが、女性入所者については情報がありません。太田さんにセッティングしてもらって、女性元職員３人の座談会を考えていました。でも結局、直前になって断られ、実現しませんでした。それで私の知っている女性元職員に取材当日になって直接電話をかけました。

やまゆり園の職員や入所者がよく通っていたのが、近くの食堂「キッチンたかはし」です。私もよく知っていたのでアポイントなしで訪問して、いろいろと話を聞くことができました。「聞き取り」活動で確認できたのは犠牲者19人のうち14人でした。私たちが退職した後に入所された方もいらっしゃるので、その方は私たちにも分かりません。

その他の被害者についてはどうなのか、誰がどうケガをしたのかなどもまだ分かりません。被害者として公表されているのは、尾野一矢さんと諸橋孝治さんの2人だけです。森真吾さんや野口貴子さんは事件発生当時は、メディアに名前や顔を出されていました。末田健さんも3カ月を経て、お父様と取材を受けられています。職員の誰がケガをした、といったことも公式には出ていません。事件の時に結束バンドで縛られた職員の名前は出ていませんし、発言もしていません。２０１７年の2月23日には現役３人の職員が心的外傷後ストレス障害（ＰＴＳＤ）の労災認定を受けたニュースがありましたが、被害者の名前というのは職員も含めて出ていないのです。正式な「警察発表」として新聞に名前が出たのは尾野一矢さん、諸橋孝治さんの2人です。私は職員の住所録をたまたま持っていました。その住所録を手掛かりに何人か当たっています。

仲のよい県の職員もいるのですが、県から通達が出ていて、「取材には応じられない」と言うのです。現役職員にはまだ当たることができていません。ただ、仮移転や、人事異動の中でいろいろな情報が出てくる可能性はあります。

14人分かった犠牲者のうち、手紙や電話で遺族に直接当たることのできたのは、当初、わずか３人でした。その一人は、存命中ずっと太田さんがご家族と関わりのあったラジオが好きな66歳の男性で、もう一人はお兄さんが大好きな70歳の女性です。

ある男性の遺族からは「どうぞこのままそっとしておいて下さいませ」とのお返事をいただきました。宛先不明で戻ってきた手紙もあります。

ハートネットＴＶ「匿名の命に生きた証を」の反響

私たちの活動を記録した『ハートネットＴＶ』は反響を呼んで、東京新聞が12月８日夕刊トップで報じ、そのあと朝日、読売、産経、毎日と取材が続き、年明けの２０１７年になってからも共同通信、ＮＨＫ、時事通信、神奈川新聞の取材がありました。２０１６年12月15日の阿佐ヶ谷市民講座では報道陣も駆けつけ、約70人の参加者がありました。こんなに関心が高いとは思いもよりませんでした。

２０１６年12月26日には献花台の撤去のニュースが流されました。これは日刊スポーツが一面を割いて報道しました。当日の『報道ステーション』では、（名前は出ませんでしたが）私の「あなたたちを忘れない」「事件を風化させない」というメッセージが報じられました。26日朝のＮＨＫ『おはよう日本』では、献花台撤去に合わせて『ハートネットＴＶ』のダイジェスト版が流されました。

事件発生から半年を前後にして、新聞各紙に「生きた証」に関する様々な記事が出ました。26日にはＮＨＫ『首都圏ネットワーク』と『ニュース７』でも活動について報じられました。「鑑定留置終了後の起訴にあたって特集を組みたい」ということで、２０１７年2月に入って、ＴＢＳの密着取材を受けました。その間にも県の地元説明会や、移転に伴う専門部会があり、私も傍聴しています。

19人が亡くなられて、職員を含む27人がケガをされましたが、ＮＨＫやＴＢＳの取材・ロケで訪ねて行けたのは10人でした。やはり当初は、（今もそうかもしれませんが）元職員の中には自分のことのようにショックを受けている方もおられ、取材に応じていただくのが難しかったこともあります。『創』２０１６年10月号では19人中６人の方のお世話をしていたと書きましたが、関係者を訪ね歩く中でもう一人お世話していた方がいることに気が付きました。その方は、私がいた当時は短期入所だったのですが、後に本入所になったのです。元職員を訪ねる中で、特徴を聞いて「あ、この人、○○さんだ」と分かったのです。

事件発生から1周忌を迎えるにあたり、67歳の男性を長年にわたって担当していた元職員の細野秀夫さんから、遺品の湯飲みを遺族に返したいという申し出がありました。湯飲みは、北島三郎のコンサートに行った帰り際に、男性から直接プレゼントされたものです。男性は同じ湯飲みを何故か二つ購入し、その一つを細野さんは大切に使っていました。細野さんによれば、「この男性が園で愛用していたもう一つの湯飲みの所在は分からないが、遺族が、遺品になった湯飲みを引き取りたいといわれれば、そうするつもりであった」と言います。しかし、遺族は「本人のためにも使い続けてほしい」とのことです。

私たちは、日本テレビの同行取材のもと遺族に直接話を聞くことができ、細野さんと二人でお墓参りをして帰りました。遺族は多くは語りませんでしたが、「事件を風化させない」、「犠牲者を忘れない」ということについては了解は得られました。このエピソードは、２０１７年7月27日の日本テレビ『news every.』で放送されました。

事件発生から1年を経過した２０１７年9月20日、35歳の女性遺族の自宅を単独訪問しました。印象的だったのは匿名にして良かったという遺族の意見です。

「匿名にしたのは、騒ぎ立ててもらいたくないからです。しかし、知り合いとか何人かにはバレました。『まさか』ということで知り合いから電話がかかってきたこともある。ただただ娘の死に向かい合いたいだけです。影響力を考えたら匿名にして良かった。世間では障害者だから匿名にされていると言われるが『ふざけんな』と思っている。遺族の個々人ではみんなそうだとは思わないが自分はそうだと思う。障害者として娘を見たことは一度もない」と言っていました。

26歳女性の遺族も訪問しましたが、あいにく留守でした。後日、入倉かおる園長と遺族の顧問弁護士から抗議の電話がかかってきました。まだまだ傷が癒《い》えず匿名のままでいたいようです。

元職員への「聞き取り」では、電話を切られたことも度々あります。関係者の間ではいまだに閉塞感があります。語ることができる雰囲気を作らないと、なかなか口を開いてもらえない状況です。19人の犠牲者のうち直接遺族に当たることができたのは６人です。

「お別れ会」で語られた逸話と地域住民の活動

「お別れ会」というのが2016年10月16日にやまゆり園の体育館で行われました。園と家族会の主催によるもので、約400人が参加しています。これは「非公開」でしたので、私たちもメディアも入っていません。ただ、参加者の中にICレコーダーに録音されていた方もいたので、私たちも聴くことができました。これは、10月21日の神奈川新聞で活字化されています。

亡くなられた方一人ひとりのエピソードを入倉園長が遺影を掲げて名前を呼びながら語られています。ただ、男性2人、女性1人の計3人だけは名前も遺影もなかったそうです。東京新聞11月18日付によれば、「遺族によっては、やまゆり園への入所を知らせておらず、偽名で葬儀をせざるを得なかった方もいる」とのことです。毎月1回開かれる家族会にも犠牲者の家族は来ていません。家族会の大月和真会長は「遺族は語れる心境にはない」と言っておられました。大月会長自身は、事件発生半年を前後して取材に応じられています。

10月22日に旧相模湖町の元町会議員、宮崎昭子さんの呼びかけで、障害の有無にかかわらず「共に生きる社会を考えるつどい」が相模湖公民館で開かれました。「お別れ会」が地元住民に「非公開」であったこと、あるいは、東京や横浜では「つどい」が開かれましたが相模原では開かれなかったことへの疑問もあったのかもしれません。25人の参加者がいて、翌日の、神奈川新聞、東京新聞、しんぶん赤旗、NHKニュースでも報道されました。

地元ではその後、11月27日、3月22日にも「つどい」が開かれました。3月22日の「つどい」では、2007年5月にやまゆり園の入所者のある男性（59）が介助職員が目を離した隙に、鶏肉を喉《のど》に詰まらせ窒息死したという衝撃的なアクシデントが報告されました。このアクシデントは今回のやまゆり園事件以前のことであり、事件とは直接的には関係があるものではありません。しかしながら、民営化の負の側面を窺い知ることができると思います。

津久井やまゆり園は２００５年にかながわ共同会による指定管理者制度に移行しましたが、報道によれば、「県営時代と比べ運営費が削減され、人手不足で、介護の質が落ちてしまったのかもしれない」との見解があります。これについては、カナロコ「時代の正体（４３３）なぜ弟は死ななくてはならなかったのか――やまゆり園で弟が事故死した姉の問い」（神奈川新聞２０１７年1月26日）をご参照下さい。

２０１７年7月13日には、地元住民らが立ち上げた「共に生きる社会を考える会」（宮崎昭子・太田顕：共同代表）が、「要望書」を神奈川県に提出しました。「要望書」には、園が個人の意思を尊重した「多機能な施設」として再建され、園内に「福祉学習の場」として資料館や慰霊碑を設置することなどが盛り込まれています。また地域住民が入所者、家族と日常的に交流できる空間の整備、地元の教育・文化の振興に向けた施設の再生も記されています。同会は、２０１７年10月11日から事件の記憶を伝える「語り部」活動を始めました。今日まで、地元で3回開催されており、高校生や大学生、社会人など多数の方が参加しています。

やまゆり園の建て替えをめぐって

やまゆり園の再生構想として建て替えが決まったのは2016年9月23日でした。年明けの2017年1月10日、県は、有識者と障害者団体を招いて公聴会（ヒアリング）を開きました。この時、建て替えに関しては、反対意見が多数出されました。80億円をかけて建て替えすることをめぐり「同じ場所に再び大規模な施設を造るのは時代錯誤だ」「入所者本人の意向を確認するべきだ」「施設を閉鎖して地域移行を進めるといった選択肢がない」といった意見です。

園の建て替えのため、入所者約110人が4月から5月にかけて横浜市の港南区の芹が谷に仮移転したものの、建て替えをめぐっては、やまゆり園の家族会が考えているものと障害者団体が考えているものとでは、意向が全く違います。障害者団体は地域移行前提とまでは言いませんが、グループホームのような地域分散型の小規模なものにして欲しい、という考えです。公聴会を受け神奈川県は、2017年2月に県の障害者施策審議会に、「津久井やまゆり園再生基本構想策定に関する部会」を設置しました。

この専門部会においては、津久井やまゆり園の再生について12回にわたる精力的な審議が行われ、「意思決定支援」、「安心して安全に生活できる場の確保」、「地域生活移行の推進」を柱とする部会検討結果報告書が取りまとめられました。

第7回の専門部会では、家族会・かながわ共同会が意見を述べる機会があり、障害者団体と家族会・かながわ共同会の対立構造が明るみになりました。それは、大まかにいえば、施設を否定する障害者団体と施設の改善を求める家族会・かながわ共同会ということができるかと思います。

こうした対立は、戦後の障害者運動とも底辺で繋がっています。

法権利を奪われた犠牲者たち

「聞き取り」活動をする中で考えたことは、「事件の後、オリンピックやパラリンピックが来ることになって、そちらの方は名前が連呼される一方で、事件の犠牲者たちの方は『語ることができない』『語るに足る人生がなかった』ものとされてしまっている。そういう中で『声なき声』を拾い上げる、事件を風化させない」ということです。

「アウシュヴィッツ以降、詩を書くことは野蛮である」という言葉があります。この言葉はナチス・ドイツからアメリカに亡命したユダヤ系知識人テオドール・W・アドルノが戦後の西ドイツに帰還した際に、『文化批判と社会』（１９４９年）に書き記した言葉としてよく知られています。

アドルノは、死者や犠牲者を忘却し、何事もなかったかのように「以前」の文化を保持し続けようとする肯定的な、自己保身的な態度を痛烈に批判しています。死者や犠牲者を前にして何もできなかった自分自身の「無力さ」や「恥辱感」が、生き残った者の良心をさいなむというのです。障害者を守る立場であったはずの職員によって殺害され、家族によっても封印された犠牲者たちの人生とは一体何だったのでしょうか。

役に立たないものは切り捨てる、障害者がまさにそうだ、というのが植松被告の論理だとすれば、「生きた証」は、それに対するアンチテーゼとして、資本主義的な合理性・効率性に対する批判になります。健常者は資本主義の論理でどんどん効率的に仕事ができるけれど、障害者はそうでない。専門的な言葉で言えば、労働価値説の世界をどう考えるか、再生産論、贈与論という問題にも繋がってきます。障害者という存在それ自体が、資本主義に対する批判になるのではないかと考えています。

今回の事件は、施設職員や福祉関係者が受けた衝撃よりも、障害を持った当事者とその家族が受けた衝撃の方が大きいのではないかと思います。というのも、献花に訪れるのは障害当事者や障害者の家族が多いからです。彼らは自分の身内や親族でもないのに他の都道府県からも献花に訪れています。やはり自分の問題としてこの事件を捉えているからではないでしょうか。ナイフは19人だけではなく、自分たちにも向けられたのだということです。

車椅子で散歩をしても襲われるのではないかという不安もあるという話を聞きます。その一方で残念ながら事件があったことすら知らない障害者や、知らせない、口にしない職員や施設があることも事実です。それは、警察による「匿名発表」のように犠牲者が障害者であるという理由に納得している（納得させせられている）からではないでしょうか。犠牲者は、主権者によって法権利を奪われた存在なのです。法権利のなかで法権利を守られているように見え、実は、法権利から置き去りにされ、法的政治的には宙吊りになった状態にあるのが津久井やまゆり園の19人の犠牲者たちの姿なのです。

精神科医は
どう見るか

斎藤環さん

松本俊彦さん

香山リカさん

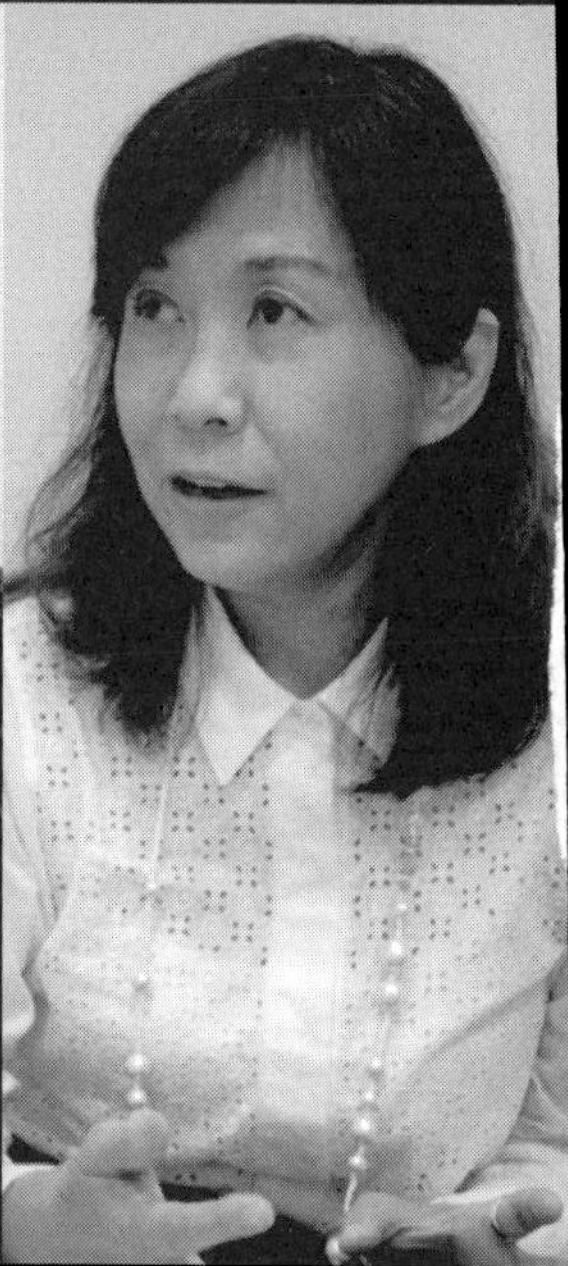

「思想」と「妄想」の曖昧な境界

『創』16年10月号より

香山リカ［精神科医／立教大学教授］
松本俊彦［精神科医］

［編集部より］第3部は精神科医による検証だが、松本俊彦さんは厚労省の「相模原市の障害者支援施設における事件の検証及び再発防止策検討チーム」のメンバーであるだけに、その発言は重要だ。守秘義務があるから立場上知りえた情報を漏らすわけにはいかないのだが、相当の資料を読んだうえでの発言なのだ。『創』では精神科医のおふたりに、2016年9月14日の「中間とりまとめ」が出た時点、12月8日の最終報告が出た時点、そして2018年5月と節目に対談をしていただいた。したがって2016年収録の2本の対談では、植松被告を「容疑者」という呼称のままにしているし、その時点での対談だという前提で読んでほしい。

「思想」なのか「妄想」なのか

香山　相模原事件をめぐっては、これを個別の問題と捉えて良いのか、あるいは大きな社会背景があり、そこから生まれた象徴ととらえるべきなのかという議論がありますが、どう思いますか？

松本　いろんな切り口があると思います。僕自身、事件直後と今では少し考え方が違ってきていて、現時点では、容疑者は病気だったんじゃないかという考えに傾いています。

香山　あくまで個別の病理的な事例という捉え方ですか？

松本　病気であったとしても、妄想だとか言動も社会のいろいろなものを吸い取りながらなされるから、社会的問題だということは否定しないし、その通りだと思います。でも、あまり大きく風呂敷を広げると、医療システムとか保健福祉サービスのシステムだとか、各論として議論しなければいけないものが置いてきぼりになっちゃうと怖いなと思いますね。

香山　でも妄想にしては被害的な色彩が感じられないのが気がかりです。せいぜい万能感に裏打ちされた観念放逸という印象ですが、そうなるといわゆる躁《そう》状態という解釈でしょうか？

松本　最初は僕は病気じゃないと思っていたし、そもそもなぜ医療の中に入っていたんだろうと思ったりもしたんです。措置入院にする経緯もいささか乱暴です。「衆議院議長にこんな手紙を書いたそうだね、こんな考え方をしているのか」と問い詰めて、彼が「じゃ施設を辞めます」ということになったんだけど、その時に警察が控えていて、そのまま措置入院となったわけです。その経過についても、まるで何か申し合わせていたみたいな感じで、本当にそれで良いのかと疑問を感じました。

でもその後、冷静になって、改めて彼が書いた手紙を読んでみたんです。最初に読んだ時には、こんなに詳細に計画していたのかと。犯行は周到に計画されて、準備万端だし、しかも犯行後出頭したということは、違法であるという認識もあったと考えられます。これで精神鑑定がなされたら、完全責任能力ありで犯罪になる。そう思ったんですが、2回目に改めて読んで思ったのは、よく考えてみると荒唐《こうとう》無稽《むけい》じゃないですか。革命を起こすとか5億円くれとか。思想と妄想ってどこが違うかって、ずっと僕も考えたんですよ。思想というからには、少なくともそれを読んで、ある程度は、「よし、俺もその革命の同志になろう」という、人を募れる言説じゃなきゃいけない。でも、あれではたぶん誰もついてこないですよね。

さらに彼の友人たちの話では、皆「昔はああじゃなかった」と言うじゃないですか。「ある時から変わった」と。彼は大学にも行って、4年で卒業していて、親と同じく教師になりたいと思ったんだけれども採用試験に落ちて、今度は特別支援学校の先生になろうと思った。その後、施設に非常勤で入って、やがて実績が認められて常勤になっている。昇給もしている。彼がああいう考え方をずっと持っていたとしたら、入職後にそんな経過を辿るだろうか、と思うんです。ある時期から変化していったと考えるべきじゃないでしょうか。

香山　私は彼の病歴を見ていないのですが、もし彼が病気でありそれが犯行につながったとすると、あの時点で措置解除してしまったことに問題があったという見方も出てきますよね？　問題が矮小化される可能性はないですか。

措置入院解除後も2回の通院

松本　ただ、病院側の見立てだと、あの妄想めいた障害者無用論がある時期からおさまっちゃって、しかも入院中に尿中に大麻が測定されたんですが、大麻がなくなるとともに勢いがどんどん収まっていったとされています。

そして退院後には、自ら入院先への通院を希望しています。そこで病院も外来通院に切り替えて退院にし、実際、そのあと2回外来に来ているんです。3回目は、キャンセルになっているんですが、そのキャンセルの時に、都合が悪いからと言って、自分から予約変更の電話をしているんですよ。もっとも、変更した日には結局来なかったわけですが。それから、初回の外来受診時にはうつ状態を呈していたらしく、抗うつ薬が処方されたりもしています。

香山　でも、入院に抗するほどの観念放逸にせよ誇大的な妄想にせよ、それがこれほど短期間で急に収まるということはありますかね？

松本　急性薬物中毒の場合はすぐに収まるんですけれど、他の精神障害だったらそんなに簡単に収まらないですよね。

香山　躁状態だったとしたら、それが急激に収束してまた再燃した時に、前回とまったく同じ病像を取って、そのとき計画したことをそのままなぞるような行動を取るとは考えにくいのです。

松本　そこも彼の基本的な障害者蔑視的な考えはあって、そこに躁的な気分がぽんと乗っかる。あの考え自体は全部病気だとは思わない。ただ、彼の背中を押すような何かがあったんでしょうね。

香山　彼はイルミナティカードなども好きでＵＦＯやオカルトの信奉者だったと言われてもいる。で、どこかで洗脳されたようにスイッチが入ってしまって、必ずしも病気ではなくて、反応として、ある種意識変容状態のような感じが続くという人もまれにいます。そういうことではない？

松本　もちろんそれも否定できない。最初僕は、事件を知って、ひどい話だと思ったけれど、自分には関係ないと思っていました。そうしたら、マスコミなどからじゃんじゃん電話がかかってきた。なんでかと思ったら、彼が大麻を使っていたという。僕も長いこと薬物依存症の専門外来をやっていますが、「いやいや大麻ではああならないでしょう」と一笑に付した記憶があります。

ヘイトデモ参加の差別主義者との関係は

香山　私は医療の現場以外で最近ヘイトスピーチの反対運動と関わっているのですが、ヘイトデモに毎回来るようなコアなデモ参加者、差別主義者と言われるような人と短時間ですが対話したこともあります。彼らの生育歴や今の生活にも興味があって聞いたり、ジャーナリストの方に取材した内容を教えていただいたりするんだけど、結構その中にも、昔はおとなしかった、目立たなかったという人がいるんですね。それがある時、差別主義的な内容のネットメディアに接触して、そこから急激に変わっていく。そういう話を聞いていると、これは精神科医が知っている、いわゆる「病気の発症」とは明らかに違う。

今の普通の診断概念の中で彼らを病気と言ってしまうことはできないでしょう。ですが、これが妄想ではないとしたら何なんだろう、なぜここまで執拗に弱者を攻撃し排外主義的になれるのだろう、というのが私の関心事です。

だから今回の事件についても、私は、病気ではなくても十分にありうるパターンだと思いました。障害者への差別意識が行き過ぎるとこうなる人もいる、と妙に納得できたのです。日ごろネットなどで私を罵倒してくる人の中にも、あまりに激しい敵意や憎悪を向けてくる人もおり、一歩間違えばこうなるかも、みたいなことをふと思ってしまったんです。病気だという説明をあえてつけなくても、説明可能な気がしないでもない。

それでさっき言ったように、妄想だとすれば被害的な部分はないし、躁病だとしても同じストーリーを何度も再現するたびにそこに戻って、最後に実行するということがありえるのかなと思って。ひと時代前の精神医学なら、躁的色彩を帯びた妄想を持ったケースとして「非定型精神病」と診断したかもしれませんが。

松本　そればかりは、現状では手がかりが少なくて判断できない。この後いろいろなことがわかってくれば、僕の考えもまた変わるかもしれません。

気分に一致した誇大した妄想があり、強固な信念があって、その信念に従って周到に用意し、計画的に動く。違法性の認識はあるんだけれど、彼にとっては現世的な違法性の認識ではなくて、もっと超越的に見れば自分は正しいと、そういうストーリーなのかなとちょっと思ったりもしているんです。これはまだわからないですね。むしろ、僕なんかは、そこをきっかけに保安処分の話が出てきたり、なんで精神科医が大麻使用のことを警察に通報しなかったんだとか、そういう批判が出ていることに不安を感じています。

香山　大麻には警察への通報義務はないんですよね。

松本　そもそも警察への通報義務がある薬物は、覚せい剤を含めて一つもないんですよ。加えて、大麻はそもそも使用罪がないので犯罪を構成してもいない。それなのに警察に通報したら、むしろ守秘義務違反で訴えられる可能性が出てくると思うんです。

ただ、困った話で、麻薬および向精神薬取締法の58条の2で、麻薬中毒と診断した医師は、調査結果を都道府県警に届けなきゃいけないんですね。実は、大麻に関しても、届出の対象になっているんです。ただこの届出はあまりきちんと運用されてなくて、特に大麻の場合にはほとんど届出がなされていない。特に僕のように薬物依存症の専門医の場合、患者との信頼関係を大切にして、こうした届出には消極的です。

そういう意味で、「なんで届出をしなかったのか」という議論になることを危惧しています。確かにあの制度はアフターケアのための制度なんだけれど、届出をすれば逮捕権を持っている麻薬取締官が動くのは確実なので、患者の方が医師に正直に言わなくなってしまう怖れがあります。

香山　事件が起きてすぐに、安倍総理が措置入院について見直しをと言ったでしょう。それを受けて厚労省が動いたと思われるのですが、検討会は別に保安処分とかいう意味合いを含んでいたことではなかったんですか?

松本　保安処分に対する危惧については、事件直後から障害者の当事者団体など、いくつかの関係団体から厚労省にかなり申し入れがあったと聞いてます。つまり、保安処分とか措置通院とかはやめてくれと。で、検討会の顔ぶれを見てみると、少なくとも精神科医の顔ぶれのなかに保安処分を主張しそうな人は入っていませんでした。

香山　どちらかと言うと人権派と考えてよい精神科医たちなのですね。

松本　そうだと思います。ただ、それだけに、検討会の結論が「生ぬるい」という批判を受ける心配もあります。

今回の容疑者の場合は、措置入院が終わったあと生活保護を受けるために役所に行っていますし、雇用保険の件でハローワークにも行っています。広い意味での保健福祉的ニーズはあったという気がしています。その意味で、アウトリーチ支援が入り込む余地はあったと思います。

問題は、当初、八王子で両親と同居するという話だったのに、彼が相模原の自宅に戻っちゃったことですよね。それで八王子の社会支援、入院中情報提供した八王子の社会資源を使えなくなっちゃったわけです。

それから、再び診断の話に戻ると、僕自身、司法精神医学の研究をしていた時期もあり、サイコパシー・チェックリストという、反社会性パーソナリティの評価方法なども勉強しています。ですので、自分なりには一応そういう目で見てはいます。もちろん、現時点では情報不足ということもありますが、厳密な意味でのサイコパシーを積極的に支持する根拠が見つからないのです。

香山　障害者の方は別として、決して他の人に対しても共感性が低い、一切の良心を持ち合わせず利己的に振る舞うというわけではなかったようですね。

松本　友達の証言では、これはメディアの情報ですけど、「さとくんバグっちゃった」と言われていたそうです。友達の目でも、ある時期から変わったという見方なんですね。

薬物使用の影響、家族との関係は

松本　薬物を使っていたことをどう捉えるかという観点もありますね。

香山　彼はある時期から強いものに対して憧れができて、タトゥーを入れてみたりとかしているわけですね。

松本　印象としては、やんちゃで、強がるタイプ、ウケを狙って盛《も》って話すところがあるようなタイプです。外来の主治医とはそれなりに信頼関係が築けていたようですが、残念なことに２０１６年の３月末で退職となり、主治医交代を契機に通院が中断となってしまったんですよ。しかたがないことなんだけど、あそこで関係性が続いていたらどうなっていたかなと。

香山　彼の家族関係については、父親が教育者だから厳しかったとか？

松本　父親が学校の先生で、母親がホラー漫画家ですよね。ちょっと家族像が思い浮かばない。

香山　精神科医としては、完全に正常ですとつけるのは難しいというか、反社会性パーソナリティ障害というような診断をつけざるをえないんですかね。とはいえ責任能力は保たれていた、といった線が落としどころでしょうか。

松本　心神喪失や耗弱《こうじゃく》となるには、是非善悪を弁識する能力と、その弁識に従って衝動を統御する能力が「失われていた」か「著しく障害されていた」かである必要があります。単に「障害されていた」では、完全責任能力ですから、何らかの精神障害だからといって、刑事責任が減免されるわけではないでしょう。ただ、万一、精神鑑定の過程で何か責任能力が減免されるような可能性が出てきた場合、鑑定した精神科医はつらいだろうなと思います。あれだけの事件ですから、責任能力がないとなれば、社会からバッシングされますし、責任能力ありとなれば、ほぼ死刑です。非常にストレスのかかる作業になるだろうなと思いますよ。

香山 こういう事件って、もう結論は死刑だと決まっているから、取り調べも裁判も雑になってしまいがちだという意見を聞きました。情状酌量《しゃくりょう》の余地もないし、責任能力がないとならない限り、死刑が確定することは明らか。だとすると弁護士のやることも限られているので、どうしても緻密《ちみつ》な弁護ができなくなる。

仔細《しさい》に鑑定が行われてなんらかの病理があったということになれば、社会から精神科医が批判されることになるし、なんともありませんでしたとか、ただ考えが異常な人でしたとかするのは、それはそれで社会に対して底知れぬ恐怖を与えることになるわけじゃないですか。聞いたことのないような病名が出てきて、こういう病気だったんですとか言われる方が、そんな変な病気があるんですねとか言って、一般の人たちは腑に落ちるというか、そういう結末でしょうか。

松本 障害者への偏見を強めつつ腑《ふ》に落ちるという、よくある悲しいパターンですね。

香山 この事件は、いわゆる大量無差別殺人とは違いますよね。完全に殺害対象を選んでいる。職員は拘束はしたけれど殺していないですよね。

結びつけるのはどうかと思うのですが、先日も、西川口市で外国人浄化デモが行われて、動画で見たんですが、ヘイトクライム側も用意周到で、「殺せ」と言うとヘイトスピーチになるから、「浄化しろ」と言うんです。でも言葉は「浄化」の方がもっと怖いじゃないですか。ナチスと同じ民族浄化にどんどん近くなっていく。自分たちと異なる属性を持つ他者は浄化せよというのは、重篤な障害者はいない方が人類のためなんだ、障害者自身も生きている価値がないから皆のためなんだという発想と同じですね。

――そのへんはさきほどの「思想と妄想の境界は何か」という問題ですね。

松本　もちろん思想は思想であるんだけれど、思想と妄想を両極に置いた場合、その境界って難しいということです。

香山　容疑者のあの手紙だって、主張が私たちの良識から言えば言語道断なだけで、言葉づかいや筋立ては決して支離滅裂ではないですよね。

松本　前提はおかしいですが、その後の論理は破綻していないですからね。

香山　あそこで言われていること自体、つまり障害者に税金を使うのはムダだ、生産性をあげられない者に生きている価値がないと言っていることを妄想とは言えないですよね。

だけど人を殺しちゃいけない。それはなぜかというと、立岩真也さんらが主張なさっているように、人間は一切何もできなかったとしても、生まれたからにはどんな人でも生きる権利があるから、ということになりますよね。

松本　今回の事件でも出生前診断に反対の人が一気に声を上げていますよね。これはまた問題の次元が違うという気がしますが。産婦人科医で出生前診断を専門とされている先生もとても悩んでいましたね。それでその先生と「受精し、胎児はどの段階から人間になるのか」という議論になって、二人とも「名前がつけられてからだよね」と一致しました。もちろん、この点についてはおそらく様々な考え方があるだろうと思いますけど。

香山　体外受精で作られて子宮に戻されないまま凍結保存された受精卵を廃棄してよいのか、といった議論もありますね。

松本　やはり名前がつけられた瞬間につながりが人間社会の中にできるという。でもそれは多分自分たちを安心させるために言っているだけかもしれないけど。議論をごっちゃにされて、苦しまれている人がいますから、ちょっと待てよと思うんですけどね。

香山　実は今回の事件は、そういうことを含めて深刻な問題を提起しています。

松本　いま自分の中で、「彼は病気なのかな」という思いが強まる中で、そうなると障害者が障害者を殺したことになる。考えてみれば、我々はどっちのタイプの障害者、つまり、殺した方も殺された方も社会の中で包摂していかなければならない。共生していかなければいけない。大変な課題だと思いますが、加害者たりうるような触法精神障害の人も、保安処分ではなく、濃厚な保健福祉的な支援で孤立しないようにしていかなければならない。

孤立は人の狂気を増強します。たとえば、刑務所で覚醒剤の後遺症がある受刑者は独居生活の中で幻覚・妄想が固定化し、後でいくら薬物療法をしても全然改善しなくなります。また、孤立すると薬物の使い方もおかしくなります。危険な人ほど孤立させずに、人々の中、社会の中で見守る方がいい。ただ、これは大きなチャレンジでもあります。

障害者との共生と監視社会の恐怖

香山　こういうご時世で、それこそテロが起きたりすると、難民を受け入れるべきだとか言ってられなくなってくる。全世界的に見ても、排外主義を前面に押し出すトランプのような人が出てくるなど、背に腹は変えられないような風潮になっていますよね。そういう中で日本でもこういう事件が起きてくる。そこで「排除や監視、厳罰では問題は解決しない。むしろ地域が受け入れよ」などといった姿勢を取ることが私たちにできるか。

松本　仰るとおりで、とても大きなチャレンジですよね。公の場では皆きれい事を言うわけですが、本当にそれが可能なのかとか、別の問題がある。

例えば重大な他害行為を起こし、心神喪失などとなって医療観察法による処遇を受けている患者さんたちも、病状がかなり改善してもなかなか退院できない場合があります。そのような事態の一番の原因は、退院後の帰住先がまさに事件を起こした地域だからです。近隣住民の感情とどう折り合いをつけるか、それが本当に大変ですよね。

香山　今インターネットがあるので、その人の過去の発言や行いが永遠に残り、掘り起こされ、叩かれます。誰も自分の過去を消して生きることができないですよね。措置入院歴のある人、犯罪歴のある人などもいくら過去を隠して生きたくてもそうできず、むしろGPSつけろと要求する人も出てくるのではないですか。

松本　監視社会ですよね。僕が日頃関わっている、薬物依存の人たちは、どうしても社会から危険視されがちなので、本当に心配です。

香山　以前だったらまだ、これは必要だけど自分の隣では困るという「裏庭論」がせいぜいでしたが、今はあからさまに「そんな人たちは迷惑なのだ、存在してもらっても困る」とはばからずに言うという、そういう雰囲気もありますよね。

松本　今回の事件がそれに拍車をかける可能性がありますね。

香山　なんだか希望が無いですね。

松本　希望というのは確かになかなか難しいですが、それでも私たちはきれい事と言われようと、共生を唱えるしかない。

香山　今回の事件を報じるマスコミについても、昔は保安処分に関わるような問題には、絶対に反対だとか声をあげる記者が必ずいたでしょう。でも、最近はそういう記者はほとんどいないですよね。以前ならマスコミが警告を発する報道を行うことで問題提起しましたが、今はそれが見られない。そのことも問題だと思います。

「包摂」か「排除」か——最終報告書を読んで

『創』17年2月号より

香山リカ［精神科医／立教大学教授］
松本俊彦［精神科医］

厚労省検討チームの最終報告書

香山　２０１６年12月8日に、厚生労働省の有識者検討チームによる相模原事件についての最終報告書が出ました。「中間とりまとめ」で挙がっていた論点への対策が提案されたということですね。

最初に検討チームができた時は、措置入院の範囲の拡大とか、もしかするといわゆる保安処分的な方向に行くのではないかと警戒してしまったんですけど、全体的には「共生」つまり「ともに生きる」という観点で、インクルーシヴ（包括的）な社会に、という人道主義的な内容になっている印象を受けました。でも逆に、総理から求められていたのはこういうものだったのか、世の中の人の反応はどうなのか、と気にもなりました。

具体的な提言というところで5つ柱があって、第1が「共生社会の推進に向けた取組」。すべての基礎になるような話ですよね。第2に、今回のような措置入院の人たちの退院後、措置解除後の支援ということですね。

松本　措置解除にあたっては計画を立てるということは義務付けられているんです。計画を立てて、その退院先の保健所を拠点とした訪問とかアウトリーチみたいなこともやっていくんでしょうが、基本的には本人からの「同意」を取り付けた上でのサービスになると思います。もちろん、措置入院という強制収容下での「同意」が真の同意なのかという批判はあると思いますが。

香山　今まで、退院後の計画が必要というルールはなかったんですよね。

松本　なかったですね。悩ましいのは結構厄介なケース、薬物の精神病とかパーソナリティ障害の人などの場合で、最小限度関わって措置解除と同時に退院、あとは自己責任、医療の関知するところではない——みたいな格好だったんです。

香山　私も人文系の学生たちに話をすると、びっくりされるのは、措置入院は自傷他害の恐れがあるということでとても緊急的な重い入院なんだろうというイメージがあるわけですね。解除されると、もっと緩い入院、医療保護入院とか任意入院とか段階的に緩くなって退院する、というイメージなのだけれど、措置解除イコール退院ということもあるわけで、そこにびっくりするわけです。

松本　やっぱり医療モデルに乗りにくい方もいるし、医療機関が苦手としている病態もあったりする。本人との間に折り合いがつかない場合、医療保護入院、ましてや任意入院は難しいのです。

香山　今回の提案ではまず「退院後支援計画」というのを作る、と。これは入院中ですよね。

松本　入院中に関係者と調整をして、あるいは医療観察法で行っているものの簡易版のようなケア会議を開く。地域のニーズと本人のニーズとのあいだですり合わせを行いながら計画を立てていく、と。

香山　それを行うのは都道府県知事または政令市長という、措置権者ですね。現実的にはどういうイメージなんでしょうか？

松本　その県庁・都庁なりの精神保健や障害福祉担当者の中の人、あるいは精神保健福祉センターの職員などがマネージメント、聴取をして調整する、という形になるんだと思います。

香山　退院後、計画を実施するのは自治体になるわけですか？

松本　退院先の保健所ということなのでしょうね。保健所を持っているところというと都道府県、政令指定都市、それから中核市なので、そこが主体となって動く。

香山　植松容疑者の場合は、退院した病院と違う場所に帰ったんですよね。

松本　彼は元々相模原に住んでおり、措置入院命令を出したのも相模原市でしたが、本人は入院中に「退院後は八王子に行く」と言っていた。でも実際は相模原だったんですね。自治体を越えての情報共有には、個人情報保護の壁がある。今回の報告書には、その問題をクリアできるよう法整備しましょう、という方向性も示されています。

香山　報告書には「切れ目なく支援を受けられるようになる仕組みが必要」とあって、本人が同意すれば自治体間の情報提供が行われ、「同意が得られない場合の情報提供については、個人情報保護条例上の問題が生じないよう」にしなきゃいけない、とあります。それで参考にするのが児童虐待防止の例とありますが……。

松本　児童虐待の場合には、すでにそうした情報共有を許容する法律があり、関係機関は本人の同意なく情報共有したり、ネットワーク会議を開催することが可能です。ですから、それと同様の仕組みを念頭に置いた法整備が必要です。法整備の具体的な内容については、これから詰めていくことになるでしょう。

日本の精神科医と薬物の問題

香山　次に入院中の話も出ていますね。ここは先生の専門でもあると思うんですけど、今回は最初に入院したときは大麻使用による症状という暫定的な診断でしたが、薬物使用の知識があれば、そうはならなかったのではないか、と。だから、ここの部分は、入院時に正確な診断ができるような医師の養成ということですかね。

松本　たぶん平均的な日本の精神科医って薬物の問題は苦手意識を持っています。少しでも薬物の使用歴があると、症状や問題のすべてを薬物で説明しようとして、他のアセスメントがおざなりになり、治療や家族への介入も雑というか、お粗末となってしまう傾向がある。本来ならば、措置入院中にこそ薬物乱用・依存に対する初期の介入をし、地域の社会資源につなげる努力をする必要がある。

もちろん、本人が薬物乱用・依存の治療に消極的、もしくは拒絶的な場合もあるでしょう。その場合には、家族に対する心理教育や、依存症者家族のための社会資源にきっちりつなげることが必要なんです。しかし恐らく国内の多くの精神科医療機関ではそれができておらず、今回、容疑者の入院先もそうだった。だから家族は本人の支援の方向性がわからないまま、あの凄惨な事件が起きてしまったわけです。

香山　でも逆に言えば、警察から来た時にもし知識があれば、「いや大麻だけではこういうことになり得ない」と入院にならなかった可能性はないですか？

松本　その措置の入り口のところについて、そもそも精神障害者なのかという議論があるじゃないですか。これは完全に「藪《やぶ》の中」で、鑑定の結果を待つしかないんですね。つまり、警察が公式に「自分たちは精神障害だと判断した」と言っている以上、このうえ警察を責めることはできない。なにしろ彼らは専門家ではないですから。あとは措置診察ではじくしかない。そのチャンスはあった。しかし、緊急措置鑑定でも、正式な措置鑑定でも「要措置」となってしまった。こうなると、治療中、「精神障害ではない」とわかっても、司法ルートに押し戻すのは難しくなってしまう。この点は大いに問題です。

ただ、容疑者が精神障害であるか否かの議論の中で多くの人に見られるのが、「要措置＝刑事責任能力の減免」ではないという、あたりまえの事実を混同していることです。要措置とは、精神障害の影響で「切迫した自傷・他害のおそれがある」状態を指し、決して「もしもその行為を行った場合には心神喪失ないし耗弱に相当する精神状態」と同義ではないはずです。

彼が責任能力が減免されるほどの精神障害に罹患しているとは考えにくいですが、精神医学的に全く問題ないと断言することもできない。「精神科医療や措置入院の問題ではない」と批判する人の多くが、この点を少し混同している気がします。

とてもデリケートな「関係機関等の協力の推進」

香山　第3の項目では、正しい知識の共有とか、これはそういう医者側の問題ということですね。そして、第4が、また医療なのか司法なのか、という問題が出てくるところだと思うんですけど、「関係機関等の協力の推進」。

松本　ここがとてもデリケートなところで、この文書でも、さんざん最後までもめたんですが、例えば大麻の情報なんかを警察と措置権者である相模原市が共有しなかった、と。いろいろな文言で追加させたりもしたんだけど、医療機関が警察に情報共有するとなってくると、今後、医療機関で依存症の治療をすることが困難となってしまう。

ただ措置入院というのは、法定受託事務というところもあって、措置権者は相模原市という自治体です。ですから、自治体として、この情報は警察と共有すべきだと判断すれば、それを自治体の責任において警察に伝えるのはかまわない。ただし、それは医療機関が直接タッチすることではない、という仕切りに整理したわけですね。

同じような整理は、退院後の関係機関の連携でも必要でしょう。退院者の支援を行い、情報を共有する関係機関のネットワークは、あくまでも保健福祉の行政機関を中心に作り、原則として警察はそのネットワークの中に入らない。しかし、その保健行政機関が、これはちょっと自分たちでは負い切れない、警察の協力も欲しいという場合には、必要に応じて警察の助言を求めるといった仕組みです。この点はとても大事です。このネットワークに警察がダイレクトに入ると、完全に保安処分みたいな感じになっちゃいますから。

香山　今回、それが「グレーゾーン事例」というふうに表現されていると思うんですけれども、その「グレーゾーン事例」に関しては「都道府県知事等や警察などの関係者が共通認識を持つべきではないかとの意見が出た」ということですよね。

ただし、これの再発防止策の中では、「グレーゾーン事例のうち、医療・福祉による支援では対応が難しいものについて他害防止の措置をとれるようにすることについては、人権保護等の観点から極めて慎重でなければならない」と、それこそグレーゾーンな言い方ですね。

検討会の中で、ヒアリングもいろいろな方にやったと思うんですけど、日本精神科病院協会副会長の松田ひろし先生が、会長の山崎學先生の提言みたいなのを引いて、本来は司法モデルであるべき案件が安易に医療モデルになってしまっているんじゃないか、というのを確か資料で出してらしたと思うんです。それは措置入院とかそういう問題じゃない、ということですよね。

松本　要するに、医療じゃなくて警察でしょっ引いてくれ、ということだと思います。そういう意見は意外に精神科医から多く出ていますね。もちろんそれも一つの考え方だと思うんですが、こういうふうに医療に紛《まぎ》れ込んでしまうケースというのはなかなか防ぎようがない。

ただ、精神科医にはぜひ慎重に考えていただきたいのです。そもそも植松容疑者が例えば衆議院議長に手紙を書いた時点、措置入院よりも前の時点のいろいろな行動を見てみると、どのような根拠を持って警察は容疑者の身柄を確保し得たでしょうか。威力業務妨害とか、あるいはもしかすると大麻使用を措置の診察から警察が知って自宅にガサ入れすれば、モノが出てくるかもしれない。だから大麻所持罪で身柄を確保するという方法もあり得たかもしれない。

でも、前歴がないから、たぶん2週間ぐらいの拘留で釈放されてしまうでしょう。その後、どうするんですか、という話になる。中には「いや、そうじゃない、公人宛てのかなり具体的な殺害計画の手紙を書いているから、危険思想みたいなことで特別な法律を作って、刑務所に入れるべきだ」という意見もありますが、そうすると、思想言論の自由に抵触する可能性はないのかという懸念もある。

保安処分的な見解と検討委員会の見方

香山　特高警察みたいなね。それこそ保安処分に近い。

松本　おっかないですよね。殺害予告する幻聴を持っている統合失調症患者はたくさんいますから。理由は何であれ警察が容疑者を「他害のおそれ」の段階で逮捕し、刑務所送りにすれば、彼の危険思想は変わるのか、安全な市民に変われるのかという話なんです。「おそれ」の段階では無期懲役や死刑なんてとても無理です。つまり、いつかは地域に戻ってくるんですよ。

今、刑務所の中でも、再犯防止には、精神医学や心理学的な治療、あるいは福祉的支援が必要だと認識されるようになっていて、刑罰の限界が叫ばれるようになっています。したがって、「医療の対象ではない、「司法の問題」と、医療からはじいたところで、問題は解決しない。それは「医療村」のエゴであって、一般の人たちからすると、「どっちでもいいから何とかしてくれ」なんだと思うんです。

香山　司法には逮捕権があるけれど、医療でそれに相当するものは措置入院とか医療保護入院ということですか。

松本　あくまでも治療という目的によるものなので本質的には違いますが、人権の制限、身柄確保という点ではそうなるでしょう。でも、それは永久にはできないから、そのあと地域で保健福祉の、強制力を持たない援助者がおせっかいを焼くわけですよね。このことをもって、「優しい仮面をつけた保安処分」と批判する人もいます。

ただ、自分自身が精神鑑定をしてきたり医療観察で見てきた人たちを見てみると、大きな事件を起こす人って結構その前に自殺未遂をしている人が多いし、地域でも孤立している人が多い。そうした経験を踏まえると、私としては、「それが犯罪防止に役立つかどうかはさておき、まずは地域での孤立を防ごうよ」と思うわけです。その結果、もしかしたら社会安全にも貢献できるかもしれない、と。もちろん、こうした意見は、精神障害の当事者団体からは、「結局は保安処分だろ」と批判され、一般市民からは「生ぬるいやり方」だと批判されるでしょうが。

香山　検討委員会の中では、保安処分的なものに向かう、というのは全く出なかったんですか。世間の今の雰囲気からすると、変な話、ある意味それを期待している雰囲気もある。措置入院の人が世間に放たれるときにはＧＰＳもつけたほうがいい、みたいな議論もずっとされていますよね。

松本　だけど、監視したとしても刑務所に入れたとしても、必ずまた地域に戻ってくるわけじゃないですか。障害者を人里離れたところに閉じ込めても解決しないし、精神障害者を措置入院にしても解決しないし、刑務所に閉じ込めても解決しない。隔離では何も解決しない。

やっぱり地域で生活する時にどうしたらいいかという話になってくるので、僕らとしてはそこのところを着地点として考えたいと思っているんです。一般の人たちからすると、「生ぬるい」という批判は受けるんだろうけど。

香山　私も今の世情を鑑みると、そっちにいってしまうんじゃないか、と思っていたのが、そういう色がなかったので、いい意味でびっくりしました。

松本　でも、予想される批判はあるんです。おせっかいを焼いて声かけして、本当はもういろんな問題行動があるんだけれども、全然病院に行ってくれない。「〇〇さん、いますか？」と言っても、いつも居留守使われて、でも、十何回か「空振り訪問」をくりかえす中で、少しずつ心を開いてくれて、やがて医療につながる、みたいなのあるじゃないですか。

そういうやり方を「柔らかな保安処分、柔らかな監視だ」と批判する人もいる。そうか、そういう見方もあるかと思うんだけど、一方で、措置症状で自傷他害の自傷のほうを見てみると、自殺対策なんかは未遂者に対していろいろなアウトリーチをすべきだという意見もある。

自殺予防が必要なのは、自殺が悪いからではなくて、死にたいと思うからには何かしんどいこと、困っていることがあるからで、そこを手助けしたいわけですね。他害のおそれのある人も実は「困っている人」かもしれない。措置解除後の地域支援にもそういう発想があってよいはずですが、なぜか他害行為になってくると、「柔らかな保安処分」という意見が出てくる。ちょっと僕には分からない。孤立させないということが監視か、と。

香山　陳腐な意見ですけど、人手をどうする、って話も出てきますよね。

松本　むしろそこが一番大きなところだと思います。国はこういう方針を決めたけれど、保健所の保健師とか職員を出すのは自治体ですよね。自治体の金でやるわけであって、要するに、国の言うことを絶対に聞かなきゃいけないわけじゃないんですよね。

それに対して、国はどこまで自治体をサポートできるのか。この20年ほどの間、自治体は保健師の数を減らし、都道府県保健所がやっていた直接サービスは、すべて市区町村に下ろして、地域保健の人員はガタガタになっているじゃないですか。そこへこういう負担が増えてくるのはどうなのでしょうか。

香山　アウトリーチする保健師とかは自治体職員だから、「犯罪を起こすかもしれない奴のために税金を使うな」と言う人も出てきますよね。

松本　あぁ、それは薬物依存の治療でもよく言われますね。

香山　それこそが今回の加害者の主張かもしれないけど、「なんで手厚く税金使ってそういう人たちを世話するのか、どっかにぶち込んでおくか殺してしまえ」みたいなことを言う人もいます。

松本　自分が加害者とそっくりなことを言っていることに気づかずにね。
香山　そういう中で、孤立させないようにそういう人たちを包摂していこう、という意見を久々に聞いたと言ったらおかしいんですけど、ちょっと心配なんです。どれぐらい受け入れられるかな、と。
松本　一方で、行政が税金でやるだけでは人手が足りないんじゃないかということで、一部民間委託もあり得るだろう、という話もないわけではない。

植松容疑者と福祉施設職員の待遇

香山　今回もう一つの課題は、福祉施設のいろんな待遇改善ということですよね。
松本　加害者は、その仕事をやっている人の中から出てきたわけですからね。
香山　報告書に「社会福祉施設で働く職員が、障害者等に対する差別意識を持つことなく、利用者に寄り添いながら働くことができるよう」な状況を作る必要性と書いてあって、福祉施設で働く職員が障害者に対して差別意識を持っていること自体があり得るのかと驚いたんですけど、そういうことも起きてしまうわけですね。
松本　熊谷晋一郎先生なども、一番職員が怖かった時期があると書いていていました。
香山　それで1番の背景に「共生社会」という文字が出てきますよね。加害者の障害者に対する差別とか、あるいは措置入院した者に対する社会からの差別とか、そういうものがなく、地域でみんなが暮らせるような社会を作る、という理想が掲げられているんですけれども、「お互いの人権を尊重して支え合うことの重要性」と書いてあって、私もここ数年、差別の問題に関わっているので、これが今ガラガラと音を立てて崩れ落ちている気がして、それをどう推進するかというと……。

松本　本当にどんどん殺伐《さつばつ》としてきますからね。差別意識だとか極端な意見が出てきて……。

香山　それが「タブーに挑戦」とか、むしろ勇気ある発言みたいに言われるわけですね。その象徴がトランプで、あんな人がアメリカ大統領になっちゃうんだから、もう何を言っても虚しいというか。

そういう最近の風潮を踏まえると、相模原事件の対策も、誰かを排除するとか隔離するとかって意見にならないようにしたい。できれば、包摂という考え方でどこまでいけるか挑戦したい。「甘い」って言われちゃう気もするんですが。

この加害者はまさに排除しようとしてこれを起こしたわけで、そういった加害者を包摂すべきかという複雑な問題ですよね。入れ子構造というか。

松本　ただ、それでも、そういうふうな考え方、加害者を含めて包摂してもいいかな、というのを教えてくれたのは、熊谷先生のやった東大での追悼集会です。ダルクの上岡陽江さんたちと一緒に参加した時に、加害者も被害者も、そして医療者も関係者も孤立しているよね、という話になって、だから、個別の誰彼ということではなくて、みんなでうまくやっていくのにどうしたらいいか、という議論にしたい、と彼が言ってくれた。あぁ、そうかもしれないな、と思いました。

思うに、誰かを激しく差別したりバッシングする人って自分も排除の側に怯《おび》えている人じゃないですか。生活保護バッシングと同じように。だから、みんな不安だらけの社会の中でどうやってホッとできる支援体制を作り上げていくか、ですね。

香山　今日話していたら、「弁護士も若い世代はもう全然人権派じゃない、弁護士の右傾化がすごいんです」と私と同世代の弁護士が言っていたんですけど、医者もわりとネオ新自由主義的な人がいて、人権とかの意識がある世代は先生ぐらいが最後なのでは……。

松本　そんなことはないんだけれども、仰ることも分かる気がします。「医療を治安の道具に使うな」とかって、措置も「警察の問題なんだ」と一見人権に配慮しているみたいなんだけど、結局、閉じ込めることを考えている。「監視社会にすべきじゃない」「医療は患者様のサービスのために与えるもので、求める人に与えるべきであって強制的に与えるものではない」というのは、表向きは人権派じゃないですか。でも、やっぱり司法に渡してとにかく閉じ込めておけ、とそういう話になっていて、よく聞いてみると、違うぞ、と。インクルーシヴな共生社会を作っていくという発想ではない、というのはあります。

やっぱり僕らはすぐ近くに見えない人のことはどんどん想像できなくなるじゃないですか。例えば薬物依存者に偏見を持っている医療関係者も多いけれど、実際にちょっと付き合ってみると、いろんな偏見もとけてきて、相手が苦しいんだな、と分かったりする。

障害者もそうだと思うんですね。津久井のあんなところに追いやられたら全然見えないので、地域のあちこち、自分たちのすぐ近くで生活している姿が見える状況を作らないとダメなんじゃないかと思うんです。思想的に「優生思想はダメなんだ」とか言っても、たぶんどうしても机の上だけの話になっちゃって、想像力がつかない気がするんです。

植松容疑者の価値観はいかにして形成されたのか

香山　最初の「共生社会」のところに「容疑者の思い込みによる偏った価値観」と書いてあって、私が気になるのは、いかにしてそれが形成されていったのかなんですよね。例えばどういう情報にこの容疑者が接してきてそういう思想を身に着けるに至ったのかとか、その辺はまだ分かってないんですか？

松本　得られた情報からは全く分かっていません。断片的な、実際の治療に関わった人の話とか、ごく身近な友達にインタビューをした情報によると、そんなに偏った性格の持ち主ではなさそうなんです。

ただ、そうは言っても、人が何かある理屈とか考えに飛びつく時には社会にそれが蔓延《まんえん》していなくてはいけないわけじゃないですか。だからやっぱり、そういう言説があちこちに蔓延している、現在の社会の状況が一番の原因のような気もするんですよね。

ネットを覗けば、差別や排除の思想は至るところに飛び交っている。ものすごい量です。とすると、違う考え方というか、差別思想とか優生思想に拮抗できるような思想をもっと流さなきゃいけないのかな、と。

香山　いや、それは正しいと思いますけど、差別主義者ってものすごい熱意と労力で執念深く、拡散力はすごいんですよ。しかも自分たちの言っていることを通すためにはえげつないこともいとわないわけですよね。職場にガンガン電話してくるとか。

松本　最終報告書をめぐって一部の政治家から出ているのは「でも、これ、医療の問題じゃなくて警察だろう」という指摘です。一理あるな、と思うところもあるけれど、たとえば、刑務所を出所した人の再犯を防ぐのに一番いい介入って何かというと、安全な住所と経済の保証だったりします。だから、司法福祉と言ったりもするんですけどね。

イギリスなどでは、小さい省庁に分かれておらず、全部内務省でやっていますから、司法と医療とを行き来できます。でも、日本でそれをするには、刑法改正が必要になってくる。刑法って大きい法律なので、あれを変えるには相当に長い年月議論を積み重ねる必要があると思います。もちろん今の刑法がいいとは思ってないし、一回医療に戻っちゃうと司法に差し戻せないということもある。措置入院の現場でも警察が本当に病院の目の前に置いて行っちゃって、事件起こして人殺しているのに捜査しないとかということも現実にあるから問題なんだけど、刑法改正は大変です。

折り合いをどうやってつけるのか

――措置入院のシステム自体は変わらないままなんですか？　医療機関が治安を代行している、との批判がありますが。

松本　代行していることにならないためにとにかく短く、とやってきて、「これは医療では手に負えないな、措置症状らしきものが消えても他害のリスクが消えないな、病気じゃなくて自己責任の問題だから放そうか」というふうになって、今回の事件が起きた気もするんですね。だから、治安の道具にされないために、そういうふうにしているんだけど、それが、結局、社会安全を脅かす結果にもなっている。両方どうやって折り合いをつけるか難しいところですね。これだけ人権侵害するのを医療者がやっていいのか、ということもあるし、欧米なんかだと、裁判所に許可を得て、裁判所命令で措置入院みたいなものをやったりする。日本の裁判所のシステムの中でどこまで迅速性を持ってできるのか。

香山　植松容疑者は大麻が出てなかったらどう扱われたんでしょうね？　ヘイトデモとかで「朝鮮人をガス室に送れ」とか言って歩いている人たちも、こちらから見ると病気としか思えないのだけれど、病気ではないわけですよね。もちろん今回は犯罪を犯したから犯罪者なんですけど、犯さずにずっと居続けて、「そんな奴死ねばいい」「みんな殺せばいい」とか言っていたら、それは何なんだろう、と。

松本　精神鑑定や、「心理学的剖検」という自殺既遂者のご遺族の聴き取り調査に従事してきた経験から思うのは、暴力事件も自殺も、背景にはしばしば精神障害が存在するけれど、いずれの精神障害も「典型例」ではないということです。いずれの場合も、精神障害は中核的な姿ではなく、境界的な、辺縁的なかたちをとって認められる。だから、医療でも医療じゃなくても居心地が悪い。要するに、自傷・他害の恐れを抱える人に対しては、医療も必要だけど、それだけではどうにもならない。もちろん、医療なしでもまずい。今後社会の中でどうやって支えていくかですね。

香山 〝共生第一〟的な文脈だと、それこそ「レイシストであっても包摂すべきだ」みたいな話になっていくんだけど、今私は「レイシストは包摂すべきじゃない」「差別主義者に居場所はない」という性善世界的なコピーのもとに、そういう人たちは徹底的に批判する、となっています。自分にも矛盾があって、「包摂しなきゃいけない」と言いながら、「差別主義者は包摂してはいけない」と（笑）。

でも、今世界で同時多発的に、アメリカのオルタナ右翼とか、排外主義者、みんな同じなんですよ、言うことが。

松本 アンチ・グローバルに向かってね。

香山 この人たちが影響され合っているとは思えないから、何かの状態が世界で発生しているとしか思えないくらい、みんな同じ思考パターンなんですね。

相模原障害者殺傷事件と強制不妊手術の通底

『創』18年8月号より

香山リカ［精神科医／立教大学教授］
松本俊彦［精神科医］

自己愛性パーソナリティ障害という診断について

篠田（『創』編集長）　植松被告の描いたイラスト（第1部に掲載）を精神科医としてご覧になっていかがですか？　かつて宮崎勤元死刑囚から『創』編集部に送られてきたイラストは、ハートや幾何学的な模様を何十個も描いていくといった、明らかに病気と思われるものでしたが、植松被告は違いますね。

香山　独特だし、病的な印象を受ける絵もありますが、どの絵も完成形まで仕上げられており、人格が完全に荒廃しているとは考えられません。内容は異様とはいえ、妄想をそのまま描いたわけではなさそうです。彼の記事を読んでいて思うのは、あまり他人の話を聞かないし、自分の内面に立ち入らせないようにしているようにも見えますね。

松本　イラストは異様な几帳面さ、執拗《しつよう》さを感じさせますね。実に個性的、良くも悪くも独創的です。ただ気になるのは、やはり手紙の文章です。自分の考えを肯定する証拠を社会のあちこちから拾ってきて、絶えず世界を補強し続け、自分の考えはまったくぶれていない印象を受けます。その硬直した感じは、もしかして何年かしたら人格水準が落ちていたりしないかと思ったりもします。

香山　「人格水準が落ちる」というのは少し精神病的な要素もあるのかもしれないということなのですが、まあでも本人なりの優生思想にしても、例えば躁病の患者さんが言うような、ものすごく壮大なものというわけでもないですね。

松本　でも、少なくとも知能が低いとか、そういう感じではない。起訴前の精神鑑定でも少なくとも知的な能力の低さは指摘されてはいない。

香山　彼は精神鑑定では「自己愛性パーソナリティ障害」と診断されています。でもこの障害だとすると、やや俗っぽい言い方をすると「世界は私のためにある」というような、対人関係においても万能的にふるまうものだと思います。でも植松被告は、そうした傾向は見受けられない気がします。

松本　人を踏み台にしたり、人を自分の夢を実現するための道具と見なすといったことはあまりない気がしますね。

篠田　自己愛性パーソナリティ障害というのは、そもそもどういう特徴があるのでしょうか？

松本　ロバート・D・ヘアの言う「ホワイトカラー・サイコパス」が典型的です。大きな成功を収めたビジネスマンや、社会的ステータスの高い人が、部下を自分の駒のひとつと考えて、自分の夢の実現のために使い捨てていく。だから人間関係が搾取的になるんです。これがもっと暴力的だったり犯罪に抵触するようなことを繰り返している場合は「反社会性パーソナリティ障害」になるのですが、植松被告の場合はそこまでいっていない。表向き非常に誇大的というか、自分には特殊な権限が付与されていると考える点は自己愛性パーソナリティ障害に当てはまると思うのですが、他方で疑問に思うのは、彼の対人関係がそんなに搾取的には見えないことですね。

香山　自己愛性パーソナリティ障害だとすると、世間から注目を集めたり成功者として扱われたりしたいという欲求があるんです。犯罪者として有名になろうとしたという考え方もありますが、自己愛を実現するために反社会的なことをするケースって、あまり聞かないですよね。嘘をついてでも成功しようとする詐欺師のような人もいますが、植松被告はそれと違います。

松本　いずれにしても、彼の目指す夢や成功は、一般の人たちの感覚とは大きく乖離《かいり》していて、共感しにくい内容である。そういったところが、典型的な自己愛性パーソナリティ障害とは違う気がするのです。彼を鑑定した先生も、それがドンピシャだと思って診断を下したわけではないでしょう。当てはまるものが一番多そうな無難なところで自己愛性パーソナリティ障害としたように思えてなりません。

篠田　植松被告は自分の顔に対するコンプレックスも吐露するし、教員になろうとして途中で諦めてしまったのも、自分には能力がないと思ったと言います。その辺はわりと自分を客観的に見ていて、一般の人とあまり変わらないと思います。「自己愛性パーソナリティ障害」という診断については「一部当たっているけれど障害というのは違う」と言っています。

その自己分析も含めて、植松被告というのは、接していて病的な印象はあまりないんです。だから優生思想に傾いてあれだけの事件を起こしてしまうのは、どう考えても飛躍がある。
しかも、彼の場合、特徴的なのは、いまだにそれを信じて、マスコミに自分の主張を書いた手紙を大量に送ったりしている。そういう執着というか、執念は独特ですね。病的といえば病的だし、これまでの犯罪で言うと、オウム事件に似た印象を受けます。

犯行動機については同じ主張を繰り返す

松本 そのように執着して、夢中になってやって、それが一定程度実現した今、本人は事件をどのように捉えているのでしょうか？ 死刑になる可能性が高いという事態をどう受け止めているのか。

香山 「正しいことをした自分が死刑になる世の中なんておかしいんだ」と異議申し立てをしたり、社会を変えたいと誤った使命感にとりつかれたりということはなかったのでしょうか。

篠田 自己愛性パーソナリティ障害という見立てと関わっているのかわかりませんが、植松被告は事件を起こす3カ月ほど前に、整形手術を行っているんですね。犯行に際しても、正装した写真をツイッターに投稿している。そのあたりは独特かもしれないですね。
彼は犯行動機について、いまだに同じ主張を繰り返しているんですが、主観的には、ある種の社会改造なんですね。

松本 死刑について、恐怖を覚えたり、回避する道はないのかと模索するようなことはないのでしょうか？ あるいはどこかで救世主が現れるとか、どんでん返しがあるという空想があるのでしょうか。

香山　彼のファンタジーの中では、自分の後にみんなが続いて次々やるんじゃないかとか、障害者を安楽死させる決まりができるんじゃないかとか、そういう算段のようなものがあったのでしょうか？

篠田　「自分の考えは受け入れられるはずだ」という思い込みと、「それが違法だというなら法律を変えるべきだ」というのは言っています。

松本　本人が減刑を狙って病気を装っている感じはありませんよね。逆に自分が病気だと認定されてしまえば、自分の主張の正当性が揺らいでしまう。

典型的な自己愛性パーソナリティ障害の人って、たぶんなかなか精神科に来ないと思うんです。精神科というのはある意味で弱音を吐く場所だから。たまにいるのはアルコール依存症の人。本当は怒りや羨望《せんぼう》を持っていて、聞けば生育歴もひどかったりする。でも万能感はあるんです。しかしそれと現実との折り合いのつかなさを埋めるために、大量のアルコールを必要としている感じですね。

香山　自己愛性パーソナリティ障害の人は、自分よりうまくいっている人に対して、おかしいと憎んだり嫉妬したりというのはあると思うのですが、植松被告にはそういう感情はないのでしょうか？

篠田　あまり感じないですね。

松本　彼の望みは、こういう考えの人がいたということをみんなにアピールして、結局死刑にはなったけれど賛同者は多かった、という結末なのかな。

香山　事件当時、ネットでは生活保護バッシングや弱者切り捨てみたいなことが、いわゆるネトウヨの人たちの間で堂々と語られるようになっていました。それらの影響で思考や価値観が形成されたのか、気になります。植松被告がよく見ていたサイトや掲示板などはありますか？

篠田　ヤフーなどにはよくコメントを書き込みしていたようです。でも、ほとんど削除されていたと言っていました。

香山　でもヤフーニュースに自由につけられるコメント、いわゆるヤフコメもひどいですよね。差別的なコメントが多い。「このくらいのことをやっても許されるだろう」というのはヤフコメを見て学んだ可能性もあるのでしょうか。

犯行への飛躍の仕方が病的な印象

篠田　ただ、あの凄惨な犯行へ至る飛躍の仕方が、病的な印象はありますね。私の印象だと、マスコミが報道していたように何年かのスパンでなく、2016年1月頃から一気に優生思想のところにまで行ってしまったという感じがします。

香山　それが何らかの影響もなく、独自に着想して実行したのだとしたら、とても通常の価値観では理解できないので、やはり病的な気もしますね。

松本　友達はみんな、彼の優生思想を否定しているんですよね。彼が尊敬している彫り師の人なんかは「今度そんなこと言ったらシメるからな」と、かなり強く言っています。それはなぜかと言うと、友達が心配して、「自分らが言っても聞かないから、○○さんの口から説得してください」と頼み込んでいるんです。

植松被告は、彫り師の人に説教されて、その場では「わかりました、改めます」と一回引き下がっているんだけど、その後友達のところに行って「チクりやがったな」とケンカになっています。

犯行に際しても、一緒にやる仲間を探していました。計画を話して、最初に賛同が得られなければ、その人にその話はしなくなる。あくまで自分の主張は曲げない。絶対折れないんだけど、無理に自分の方に巻き込もうともしないんですね。

香山　ネットでのヘイトスピーチで見られるような、たとえば韓国人とか中国人とか、障害者以外に対する差別意識はあるんですか?

篠田　ないですね。

香山　障害者を排除したいというのはあくまで自分が関わったからなんですね。

篠田　そうですね。彼が言うのは「そういうのを見ていたら誰でもそう思うはずだ」と。目で見て自分は実感を持っているという言い方だから、津久井やまゆり園での体験は関係していると思います。

松本　だからといって、自分の思想の根拠となっている、わが国の障害福祉施策の予算額やその使途について詳細に調べたり、真剣に考えたりしているわけでもない。

香山　ということは、きわめて個人的な経験から発した考えであり、犯行であるということですよね。「俺が世話したのに何も反応しない」とか。素朴な感情をそのまま行動に移してしまったような気がします。その辺り直情的なところはヤンキーっぽいのかな。でもキレて殴っちゃったとか、それくらいならわかるんだけど、起こした事件があまりにも凄惨です。

松本　もともと偏った考えを持った人が、急に言うことのスケールが大きくなったりみたいなことで、双極性障害みたいな見方もあるかもしれない。今振り返ってみると、厚労省検討チームが当初想定した病態とは異なる鑑定結果だったけれど、じゃあ何も問題がないかというと、そうとも言えない。とにかく彼のドロッとした部分が見えてこないんです。少なくとも自己愛性パーソナリティ障害の人が胸に隠し持っている劣等感とか羨望の気持ちとか、怒りのようなものがどこかでポロポロっと見えてくるかと思ったら、そうでもない。いろんなものがあっさりしすぎていて……。

香山　先程出た絵の細部へのこだわりとかを見ると、誤解をおそれずに言うと、むしろ発達障害的なものがベースにあったんじゃないかなと思えてしまいますね。

松本　もしかすると、こういう事件を起こしてなくて、普通に精神科の診察室で会っていたら、「発達障害っぽいかな」と感じる精神科医は少なくなかったような気もします。

病気と言えるわけでないが正常とも思えない

香山　彼は美容整形をしているように、容姿に関心はあったわけですね。他者からの視線を気にしていた。

篠田　自分は不細工だというコンプレックスをよく言っています。私はそんなことないと思うんだけど。

香山　でも、そんなふうに言うところは自己愛的ではないですよね。また、他者の中で自分がどう見えているかを想像できるとすると、発達障害でも説明しきれない。

松本　そうですね。ただ、確かに自己愛的ではないですが、かといって、不細工だというコンプレックスに由来する屈託もない。容姿の話になると口を閉ざしたり、言いよどんだりするところがあれば、人間味が感じられ、共感の余地もありますが、整形したことを居直っているかのように公言している。つくづく不思議な人だと思います。

　彼は狭義の病気というわけではないと思いますが、では精神医学的に健康とか正常と言えるのか。これを我々はどう理解したらいいのかという段階ですよね。その点について、篠田さんは彼と会っていて、どんな印象ですか？

篠田　彼の一番大きな特徴は、すごく礼儀正しい点です。面会室に入るとまず最初に「遠いところをわざわざお越し下さってありがとうございました」という挨拶を毎回やるんです。

松本　馴れ馴れしくなったりはしないんですか？

篠田　ないですね。淡々としています。

香山　このメディアへの接触の動機は、彼を理解する重要な鍵になると思います。意見を出したいのは、自分自身が注目されたいから？　それとも優生思想的な自分の考えを広めたいから？

篠田　広めたいからだと思います。

香山 津久井やまゆり園で障害者に面倒をかけられて、憂さを晴らしたいという単純な報復感情でもないのでしょうか?

篠田 そういうことでもないと思いますね。重度の障害者は、何を言っても反応がない。あるいは入所者が亡くなった時に、葬式をしている最中に「おやつは?」と言って、人が亡くなったことも理解できない、のんきに走り回っている障害者が許せないといったロジックです。

松本 ただ「許せない」といっても、個々の障害者に対する、恨みとか怒りとか羨望といったドロッとした感情がよく見えてこないんですね。

篠田 殺害する時に彼は部屋を回りながら、この人はどの程度重症かを一人ずつ確認したと言われていますね。知っている人もいたらしいのですが、知っている人だから刃物が止まるといったことはない。彼の言う「心失者」かどうかを基準に判断したというわけです。彼は「意思疎通のとれない人間」「人の心を失った人間」を「心失者」と呼んでいるんですが、そうした基準によって殺すかどうか選別したと言うんです。

犯行時点で彼の内面については、人を殺すこと自体へのためらいとか、そういう意味での人間的感情とは違うものが支配していた印象です。あれだけの人を殺傷した情念というかエネルギーがどういうものか理解できないですよね。だから病気と考えた方がある意味ではわかりやすいかもしれない。

松本 ただ植松被告は女性ともつきあっていたし、人間的感情がないわけじゃないんですね。家族ぐるみで一緒にテニスをしたり、彼女と一緒に料理をしたりしていたらしい。だからどう考えたらよいか混乱しちゃうんですが。

篠田　措置入院から退院した後、生活保護を受けるために行政の人の面接を受けているんですが、審査は通っているから、担当の人が見ても異常に見えるところはなかったわけですよね。

犯行に及ぼした薬物の影響

篠田　あの犯行について、大麻や薬物の影響は、どの程度あるのでしょうか？

松本　そこは僕らも情報が不足しているのですが、植松被告は危険ドラッグを使った時期があったけれど、危険ドラッグは結構自分の中でもダメージがあって、やっぱりまずいと思って大麻に切り替えたと言っていますね。危険ドラッグを使い始める前と後で、どんな変化があったのか。それは僕も気になっていますが、なかなか客観的な情報がない。さらに、危険ドラッグによるダメージがあった後に、さらに大麻を使い続けたことでどんな影響があったのか。そのへんは詳しく聞いてみないとわからないですね。

篠田　大麻の影響については、取り調べや精神鑑定でも聞かれているようですが、事件前に使用したのは2~3時間前で、大麻と事件は直接関係ないんだと言っていますね。

香山　大麻によって、不可逆的な妄想や固定された感情障害が起こることもあるんですか？　教科書的には、まれに意欲が喪失する「無動機症候群」が起きることもあるが、基本的には吸引時の変化だけ、と習いました。

松本　体質にもよりますね。全然何ともない人もいるし、そうでない人もいる。もともと精神障害に罹患しやすい体質的な脆弱《ぜいじゃく》性を持っている人の場合には、非可逆的な変化、一種の慢性精神病のような後遺症を呈する可能性はあります。ただ、だからといって、大麻から優生思想が生まれたとは思いませんが……。

いずれにしても、大麻の影響が、「お酒を飲んで度胸をつける」のと同じ程度の影響であったのか、あるいは、大麻や危険ドラッグによる非可逆的な後遺症によって、持続的な認知の歪みを生じてしまったのか、そのあたりはもっと多くの情報を集めないと判断できません。

香山　でも仮に大麻の影響があったとしたら、後になってシラフになってからとんでもないことをしてしまったとか、こんなはずじゃなかったというふうに気づき、反省するのではないでしょうか。

篠田　彼はあれだけの事件を起こしたというのに、考え方はまったく変わってないんですね。強固に優生思想を主張し続けているということに驚きました。

香山　その、こだわりの強さや思考の柔軟性のなさを見ていると、発達障害的なものがベースにあったんじゃないかなとも思えてくるのです。

松本　犯行の前から、周囲の友人たちからいろんな議論があって説得もされている。そして事件後も、いろんなメディアからの情報が直接・間接にぶつけられているはずなのに、篠田さんが言うように、その変わらなさ、まったく自分の意見を調整してこないというのは、とても不健康ですよね。繰り返しになりますが、もしもこういう事件を起こしておらず、診察室で会っていたならば、「発達障害っぽいかな」と感じる精神科医は意外に少なくない気がします。

措置入院の影響は深刻な問題

篠田　植松被告は2016年3月に措置入院から退院した後、最初は通院したけれど途中でやめてしまう。彼の手記でわかったのは、実は入院中に犯行を決意し、準備を始めたというのですね。

松本　もしかしたら斎藤環先生がおっしゃるように（本書P230参照）、措置入院が犯行までの時間を短くした可能性はあるかもしれない。これは深刻な問題です。あの状況で要措置とした判断の適否はさておき、措置入院によって皮肉にも「社会安全が脅かされる」リスクが高まったわけです。このような可能性については、これまでもチラッと脳裏をよぎることはありましたが、必死に否認していた気がします。その意味でも、この事実は、我々精神医療関係者の中で共有されるべき問題だと思います。

篠田　事件後に設置された厚労省の検証委員会では、松本さんも委員の一人としていろいろ議論を重ね、2016年12月には最終報告書が出されました。その議論の過程で、何か対策を出せるのではないかという期待もありましたが。

松本　議論していた時は、措置入院制度のこれまでの積み残しが良くなるんじゃないか、という期待がありました。実際、委員会で出た意見をもとに、また別のワーキンググループが精神保健福祉法の改正案をつくって国会に出したわけです。それは、措置入院患者に対する退院後の地域支援体制の強化が盛り込まれたものでした。もっとも、その案は、人権上の配慮や障害者差別の助長を危惧する反対意見も多数あり、国会での審議は長引きました。

最終的には、この案とは別の政治的事情から審議は時間切れとなり、最終的に廃案となってしまいました。

篠田 そこで疑問を呈したのが福島みずほさんや川田龍平さんなど人権派の議員だったわけですが、その改正案は管理強化という方向に走る危険性もあったということですか。

松本 そうですね。精神障害者の当事者団体がすごく反対しました。やっぱり本人の同意をきちんととらなきゃいけないんじゃないか、例えば「同意なき治療」というのはありえないですよね。措置入院であったとしても本人が「薬は一切体に入れるな!」と言っていたら強引に入れるというのは原則できないんです。

篠田 対策といっても難しい問題がたくさんあるということですね。でも問題なのは、国会でそういう議論がなされていたこともほとんど報道されず知られていない。この1年ほどマスコミはいったい報道の役割についてどう考えていたのか、と思いますね。

「同意なき支援」と「監視」の平行線

松本 問題は、「同意なき支援」はどうなのかということなんです。例えば、ラジカセおばさんみたいな人がいて、近隣から苦情が募り、保健師さんが行って遠くから「ああ、あそこのうち?」というふうにして時々様子を見ているというケースの場合、当事者からすれば、それも嫌だと言うんですよ。でも、それを認めると、地域保健というのは成り立たなくなるし、じゃあ近所の人たちは泣き寝入りですか？という話にもなる。

じゃあどう考えればよいのかというと、結局結論が出ていないんです。「同意なき支援」はあるのかという問題ですね。

篠田　支援というのは、誰にとっての支援ということなんですか？

松本　おそらく本人と社会の双方にとっての支援なのでしょう。つまり本人に直接関わるわけではないんだけど、遠目から見る。「それ監視じゃないか」「いや、支援です」という平行線の議論です。保健所に持ち込まれた近隣苦情を受けて、保健師さんたちが家の様子を見に行き、必要ならば適切な治療や支援につなげたいという善意から、本人に声をかける。しかし、されている方からすれば「監視」だということになります。

香山　でもそういうことで言えばかつて、処遇困難患者の長期入院病棟を制度的に作ろうとして取りやめになった時代から30年も経っているけれど、全体としては精神医療はかなり、人権を守る方向に変わってきていますよね。

もちろん今でも、身体拘束の問題などもありますが、今から考えれば、私は特に北海道の病院にいたからやや遅れていたのかなと思うんだけれど、通報を受けたら「往診収容」って呼んでいて、有無を言わさず無理やり連れてきてました。今から25年ほど前の話です。今思うとひどかったですよ。本州では「患者迎え」と呼ぶそうで、「収容って何だ」って東京の先生にあきれられてましたけれど。

松本　あの改正案は、あのまま通ったら問題もあったけれど、野党が批判したおかげで、付帯事項がたくさんついた。その付帯事項を読むと、地域の精神保健的な支援を良くする内容もあったんです。ただ、この4月の診療報酬の改訂でも、措置入院から退院した人を外来で手厚く診ると診療報酬に加算がつくようになっている。法律としてはまだ整備できていませんが、その方向で頑張りましょうという動きがあることは確かです。そこでも一部反対はありましたが。これが30年前だったら反対はなかったでしょう。今の時代はやはり、当事者の意思を無視してはできない。反対意見が出るのは、とても正当なことだと思います。

措置入院の入り口をめぐる問題

篠田　措置入院って、一般の人にはなんとなく犯罪を犯さないように閉じ込めておけというイメージだけど、基本的には治療なんですか？

松本　はい、治療です。だから、暴れていれば措置入院というわけではなくて、暴れている理由が精神障害によるものということが大事なんです。ヤクザが暴れていても、それは違うぞという話です。ただ植松被告の場合はグレーゾーンだった。

問題は、入り口はどうなのかという話ですよね。入り口に関しては悩ましいというのが現実です。最初にコンタクトするのが警察じゃないですか。ならば、警察官通報（精神保健福祉法23条通報）の条件を、もっと厳密化しろという意見もあります。でもそんなに厳密にしたら、「警察官じゃ無理です。精神科医が警察に常駐してください」という話になるでしょう。そうなると、警察に常駐する精神科医を確保できるほど、精神科医はたくさんいるのかという問題になる。

実際、地方によっては2人の指定医を確保するのも難しく、ある県では、指定医を確保できないために、措置入院がほとんどなく、別の形式の入院によって、自傷他害のおそれのある患者の治療をしている現実がある。そう考えると、措置入院の「入り口」を厳密にするのは、たやすいことではありません。

香山　措置解除により病院から退院した後、植松被告の場合は、八王子の両親のところに行くと言っていたのが、実際には相模原の自宅に戻ってしまい、自治体間の連絡体制がうまくいかなかったと言われていますね。自治体を変わっても追跡するようにしようという、あの提言は結局、法制化にまで至ったんでしょうか?

松本　確か廃案になった改正案をめぐる議論では、「半年」を上限とした退院後の観察・支援期間が想定されていたように記憶しています。

篠田　行政が互いに連携しながらフォローしようということだから、それ自体は誰も反対しないんじゃないですか。

松本　でも精神障害の当事者の方からすれば、引っ越しても追跡されるって、やはり監視されるという意識なんですね。これが30年くらい前だったらこんなふうに問題にはならないんですが、今の時代はやっぱり当事者の意思を無視してはできなくなっています。

香山　私の実感としては、逆にメディアも患者さんや家族の団体も80～90年代の方が人権侵害に敏感だったようにも思えますがね。

松本　医療観察の前身、例の「処遇困難患者論争」ですね。

香山　対象となる患者さんの名簿までつくったんだけど、メディアもたいへん大きく、批判的にこの問題を取り上げ、患者さんたちの団体の前で焼却させられたという話もありました。

松本　今回も厚労省の中でも、当事者のヒアリングはやっていますね。もちろん、ヒアリングはあくまでも参考意見であって、委員会の意見とは異なり、事務局は、最終案に反映させることを義務づけられてはいないので、弱いといえば弱いんですけど。

事件の背景にある時代の雰囲気

篠田　一般の人は、薬物犯罪を含めて、処罰をどんどん厳しくしろと言うけれど、行政は、人権への気配りをしつついろいろな施策をやっているわけですね。

香山　それは救いがあります。「危険なやつらは閉じ込めておけばいいんだ」という声もあちこちで聞かれ、私には、世の中が植松的になっているように思えます。「閉じ込めておけ」と言っているのは実際には一部の人なのかもしれませんが、そういう声に限って大きいんですね。

松本　危険なやつはなんとかしてくれとか、自民党の議員などは結構強硬に言っていますね。

篠田　でも今後、改めて対策のための法案の審議になるとしても、現実問題として、植松被告のような人間に対して何らかのことをして犯行を止めるということは、現実的には難しいわけですよね。

松本　少なくとも僕は、ちょっと思いつかない。措置入院がまずかったとして、じゃあそこで、施設側の危機感、あるいは、政府、自治体、警察からの見えない圧力を感じつつ、あえて措置入院させないという選択をとるだけの度胸がある精神科医は、どれだけいるのか。

そして、友人たちや家族が、もしももっと粘り強く説得していたら果たしてうまくいったのか。正直、想像がつきません。

あえて僕らが教訓的なことを引き出そうとするならば、植松被告はそんなにオリジナリティのある人ではないと思うんです。社会のいろんなところからネタを拾い集めて、あの考えをつくっている。だから世の中にそういう材料が転がっているということが問題です。やはり社会全体の責任という面もあるんじゃないかという問いかけをしていきたいですね。

香山　やはり時代の雰囲気もあるでしょうね。彼の中で、衆議院議長や安倍総理に訴えたら日本社会の生産性に貢献する人だけが生きる価値がある、という点で共感を得られるんじゃないかという直感があったわけですよね。

それを感じ取ったということ自体は、変な言い方だけど、あながち的外れではなかったのかもしれない。世の中を見ているとそんな気がします。

松本　そうですね。その意味では事件の後、優生思想の話が議論になったり、共生社会の話や「青い芝」運動のことが再度振り返られたというのはすごくいいことだと思います。

強制不妊手術の驚くべき実態

香山　最近では、旧優生保護法（１９４８〜96年）の下での強制不妊手術の問題に注目が集まっていますね。

篠田　障害者への強制不妊手術が、そう昔でもない時期まで行われていたというのには驚きました。

香山　私が若い頃に勤務していた古い民間の巨大精神科病院では、ほとんどの患者さんが不妊手術を受けていました。北海道は手術件数が非常に多く、全国最多なんです。

松本　僕が医者になりたての頃の話ですが、患者さんが子どもをつくりたいと言ったら、いかにそれが困難なことかを説き、やめるよう説得しろと指導医から教わった時代がありました。

香山　私の病院にいた人は、今思うと、分裂病（統合失調症）ですらない、当時で言う浮浪者のような女性が、天皇の行幸を前に次々と入院させられていました。障害や病気云々ではなく、公衆衛生的に入院という制度が使われていた面もあります。まるで『狂気の歴史』にミシェル・フーコーが書いた16〜17世紀みたいだな、と思いました。

それが戦前とかの話でなくて、20〜30年前までまかり通っていた。ひどい話ですよね。こうした強制不妊手術が行われていた事実が今、全国的に掘り起こされているというのも、相模原事件の思わぬ余波というか、事件がきっかけになった部分もあるでしょう。植松被告本人はまったく想像もしなかったことだと思いますが。でもちょっと前まで、高校の保健体育の教科書には、「結婚とは健康な男女が子どもをつくることだ」って書かれていたそうですね。

松本 福沢諭吉が言い始めたんですよね。「人の上に人をつくらず」なんて言った人が、実は優生結婚を唱えていた。

篠田 羊水チェックとか、胎児の障害の有無を調べるというのは、本人の意思に任せるということなんですか？

香山 今は羊水じゃなくて血液で検査できます。そのうちたぶん唾液でできるようになりますよ。そうなると、検査が母体や胎児に悪い影響があるから、という理由では避けようがないですよね。

篠田 その結果でどうするかは本人の意思が大事だというわけですね。

香山 「遺伝子に異常があります」と言われてパニックになって「中絶します」と言ったんだけど、後になってそれを後悔して「殺してしまったんじゃないか」と悩む人もいますね。それでうつ状態に陥った女性たちが受診に来られたこともあります。

次の国会で再び法案提出か

篠田 法案は2017年の国会で廃案になりましたが、措置入院後の医療や行政などのあり方について、今後、改めて議論される可能性はあるのでしょうか？

松本 次の国会でしょうか。今国会は森友・加計問題で炎上していて他の問題の審議が進んでないですが、秋から始まる次の国会には、おそらく再び改正精神保健福祉法の法案が出されると思います。

篠田　制度的な見直しが必要だという認識はあるんですね。

松本　そうですね。ただ、繰り返しになりますが、精神医療関係者や精神保健行政に携わる人たちが共有しておかなければならないのは、措置入院でリスクが高まる人もいるということです。じゃあどうすればいいんだ？　ということについては、僕も明確な答えはまだ見つけられずにいます。

措置入院をめぐる誤った見方

――佐賀バスジャック事件を教訓化しなかった誤り

斎藤 環
［精神科医］

［編集部より］ここに掲載した斎藤環さんのインタビューは2016年の事件の後に収録したものだ。今回、「容疑者」を「被告」に直すといった表現の修正は行ったが、斎藤さんの早い段階での指摘は、その後の植松被告の証言によって裏付けられた。今でも非常に深刻で重要な指摘といえる。

暴力に対する反応がナイーブすぎる日本の精神医療

相模原事件をめぐって気になったのは、植松聖被告が2016年2月、措置入院となり2週間足らずで退院したことについて、解除が早かった、そうならないように制度を見直せという声が多かったことです。私の考えは少数意見かもしれませんが、そもそも彼の措置入院が妥当だったのかどうか、きちんと検証すべきだと思っています。植松被告は、犯行予告の手紙を持って衆議院議長公邸に行ったり、「障害者は安楽死させるべき」といった発言を繰り返していたようですが、これらは、措置入院させるために必要な「自傷他害のおそれ」という要件を満たしていると言えるのか疑問がある。たしかに「おそれがある」という意味では、全く間違いとも言い切れないのですが。

私の知る範囲での措置入院というのは、実際に自傷他害行為を起こしてしまった後で、逮捕のかわりに入院になるというケースが大半です。精神障害の恐れがあって起訴できないかもしれない場合、検察は「検察黒星」（起訴した容疑者が無罪になること）になることを恐れて起訴前鑑定を行い、措置入院を図るということが大半なのです。通常は何かやらかした後というのが常識だったのですが、実際にやらかす前に措置入院をさせることに問題がなかったのかどうか、もう少ししっかり検証されてしかるべきではないでしょうか。

植松被告のような犯行予告というのは、ネット上にいくらでもあります。爆破予告とかをやっている人は結構いるのですが、私の知る限り、それで措置入院になったケースは聞いたことがありません。今回だけ特殊な扱いをしたのはなぜだったのか。植松被告は予告だけではなく、議長公邸に乗りこんだりしたということはあったかもしれませんが、それ自体は自傷他害行為ではない。やはりこの措置入院には違和感があると言わざるをえません。

と言うのも、２０００年に佐賀で、当時17歳の少年による西鉄バスジャック事件が起きました。この事件では、家族が少年による家庭内暴力に悩み、関東の著名精神科医に相談したところ、これはいかんということで佐賀の公立病院に働きかけ、医療保護入院をさせました。これは措置入院ではなく保護者の同意を得ての医療保護入院でしたが、どちらも強制入院に変わりはありません。

そういう処遇をした結果として、バスジャック事件が起きてしまった。医療保護入院をさせていなければあの事件は起こらなかっただろうと私は確信しています。家庭内暴力に対して強制入院という過剰防衛をしてしまったわけです。それに対するお礼参りとして事件が起きる。そういうことはよくあることなんです。

日本の精神医療は、暴力に対する反応がナイーブすぎる。私は、植松被告のように、やらかしてない人を強制的に措置入院させるというのはおかしいという立場です。犯罪を予告した人は全員しょっぴけということになれば、典型的な予防拘禁ですから。

厚労省で行われた相模原事件再発防止の検討会でも措置入院のあり方は議論されたようです。当初は措置入院を拡大しようという意向ではないかと危惧する声もありましたが、実際には委員にリベラルな人も多く、再発予防のためにクライシスプランをしっかりたてて、アフターケアをしっかりしようという話になったようです。私もそれについては否定しません。

ただここで強調したいのは、精神科医の犯罪予見性というのは非常に低いというか、はっきり言って精神科医にそういう能力はないのです。犯罪予知というのは地震予知と同様に、原理的に不可能だと思っています。だから、強制入院させるかどうかの判断は、犯罪行為を基準にするしかないのかな、というのが私の考えです。警察だって、犯行予告くらいではなかなか動かない。それと同じです。

精神病院に収容すれば安全なんていうのは根拠のない話で、収容と強制的処遇によって、かえって危険度が増すこともありうるということを、西鉄バスジャック事件が証明しています。迂闊《うかつ》な強制的処遇というのはまさに「臭いものに蓋《ふた》」式で、かえって危険を高めてしまう。その可能性に対して、あまりにも無知というか、現実を見ようとしていないか、この事件の当初の議論には、そういう危険性を感じました。

確かに植松被告は、非常に危ない予告をしていたわけですから、その時点で脅迫罪か不法侵入か何かわかりませんが、警察が対応した方が、むしろ恨まれなかったんじゃないかと私は思っています。精神科に入院というのは、行為を束縛されるという以上に、スティグマ性を帯びさせる。つまり、「お前は頭がおかしい」という烙印《らくいん》を押されたと感じ、その意味で二重に屈辱なんです。

植松被告は精神異常かどうか、私は非常に疑わしいと思っています。せいぜいパーソナリティ障害レベルではないでしょうか。パーソナリティ障害の場合は完全責任能力が認められますから、心神喪失者の不処罰と心神耗弱《こうじゃく》者の減刑を定めた刑法39条の対象外になります。

そして、これまでの判例から考えて、今回のケースに関して裁判所が心神耗弱、心神喪失を認めることはあり得ない。もしも「責任能力なし」なんて言ったら非難轟々《ごうごう》で、国民感情が絶対に許さないだろうし、鑑定医もそれをわかった上で鑑定する。間違いなく結論は「責任能力あり」になり、極刑になる可能性は高いと思います。

精神医療でのクレイジーとマッドの違い

それからもう一つ気になるのは、「障害者は死ぬべき」という植松被告の極端な思想、これはヘイトクライムですが、ツイッターなんかを見ていても、よくやったと賛同する人がたくさんいるのです。その発想自体が狂気だと言えるかどうか。精神医療ではクレイジーとマッドを分けるのですが、彼はクレイジーではあるけれどもマッドではない。つまり極論ではありますが、頭がおかしくなって、判断力が喪失して妄想的になった結果出てきた判断ではない。

あえて言いますが、これは妄想とは違うと思います。措置入院の際、彼には妄想性障害など複数の診断名がつきました。精神医学で危険思想に名前をつけるとしたら、妄想としかつけようがないのですが、これは妄想ではありません。その診断をつけた人ですら妄想だと信じているかどうかは疑わしいと、私は思っています。

尿検査で大麻の陽性反応が出ていますが、大麻では妄想は生じません。大麻性の精神病という線も希薄だと思っています。報道では本人も大麻をやめたがっていたという話もありますから、なおのこと薬物性の可能性というのは、まあそんなものはそもそもないのですが、その線はきわめて薄い。

彼は、もともとはちょっと思い込みの激しい孤独な青年だったと思いますが、そこに措置入院させたことで精神障害者というレッテルを貼られてしまった。貧困層の人々が生活保護層を叩くのと同じように、自分が非常に劣位に置かれている、弱者の立場に置かれているからこそ、自分より弱者を叩きたい、排除したいという発想を持ってしまったのだと思います。

今は社会全体で、そうした傾向が非常に際立っています。自分こそが排除された存在であるという意識が差別を強化してしまう。そうしたねじれた現象が起こっています。極論かもしれませんが、彼が措置入院をくらったということが犯行の後押しをした可能性は、決して否定できないと思っています。このレベルの人を本当に措置入院させていいのかといった議論を深められないと、世論がますます危険な方向に向かいそうで心配です。

植松被告は津久井やまゆり園で働く過程で、障害者は存在自体が不幸だという考えを持ってしまったわけですが、どうしてそうなっていったのかについて検証が必要です。恐らく入職した時は、わりと社会貢献したいといった動機が強かったと思うのですが、障害者の現場というのは、やはり甘くない。ネットでもいろんな人が書いていましたが、意思疎通が難しい、言うことをきかない、そして職員は疲弊している。そうした姿を見ていると、まあ「人格があるのかね」と言った石原慎太郎じゃないですが、「心があるかどうかわからない存在のために、まともな人たちが苦労していいのか」という、誤った義侠心《ぎきょうしん》や正義感の方に行ってしまう怖れがあります。

要するに、生には判定可能な価値があるという思い込みですよね。それは自民党の改憲案にも露骨に表れています。権利と義務はバーターであるという発想が基本にあって、権利を主張したかったら義務を果たせという、間違った考え方があまりにも多い。

人には生まれながらにして、いかなる条件の下に生まれ、いかなる生き方をしたとしても一定の尊厳と権利は擁護されるべきであるという天賦《てんぷ》人権説の基本的発想が、日本には定着していません。ごく普通に生活している人々の中にも、「生きるに値する生」と「生きるに値しない生」があるというような、間違った価値観を持っている人は非常に多いでしょう。これは妄想でも何でもなくて、社会的に一定程度、共有されていると思います。

障害者だけでないマイノリティ排除の発想

私はツイッターで、「生きる価値のない障害者は死ね」という発想と、「娘を暴行した犯人は俺の手で殺す」という発想は地続きだと、ある意味挑発的に書いたのですが、やはり反論がたくさん来ました。でも私からすれば、生の価値を判断していいという考え方自体が、法治国家のあり方に対する挑戦でしかない。気持ちがわかるかわからないかといった話もあるかもしれませんが、それを言い出したら、それこそ「障害者は死すべし」という意見に共感する人もたくさんいるわけで、共感を物差しにするならそれも間違いとは言えなくなってしまいます。そういった発想をちょっと押し進めるだけで、我々は簡単に障害者排除の発想に染まってしまう。それはあらゆるマイノリティ排除につながる発想でもあると思います。

差別には、一応みんな理屈をつけるわけですよね。逆に言うと、理屈がつけば差別していいという恐ろしい発想が背景にある。生命には社会に果たしている貢献度に応じて価値があるという、馴染《なじ》みやすいけれども間違った発想が、根本にあるのではないかと思います。一言でいえば、村人の発想ですよね。

ただ、そういうことを踏まえたうえで申し上げると、措置入院の制度は、見直さざるをえないでしょう。入院期間についても、基準が曖昧《あいまい》なのです。植松被告のケースも、こんなに短期間なら入院させる必要はなかったんじゃないかと思いますが、措置症状が消えたということで退院になっています。

でも、症状が消えたら犯罪可能性がゼロになるかといえば、そんなことはまったくない。むしろ症状が消えたからこそ犯罪の可能性が高まることすらありうるわけですが、制度上は、症状が消えたら退院させてよいことになっています。

措置入院の指定病院は、全国に千カ所以上ありますが、その多くが私立の病院です。これもひどい話で、私立病院の治療水準はバラバラなのです。措置入院というのはすべて国費で行われますが、そんな基準も何も曖昧なものを、国費でまかなうなんておかしいと国民の声が上がってしかるべきだと思います。

刑法39条自体の見直しが必要ではないか

2001年に大阪の附属池田小学校で児童殺傷事件が起きてから、医療観察法が作られました。医療観察法は新しい法律で、精神保健福祉法の下でなされる措置入院とは別の体系なのですが、処遇する対象が似ているのです。ただ、起訴前、不起訴の患者さんが対象となるのが措置入院で、起訴されたけれど心神喪失で無罪になった人は医療観察法のもとで治療の対象になります。

医療観察法の方がはるかに手厚いんです。全国32カ所の国公立の指定入院医療機関で、措置入院以上に多額の国費をかけて治療します。再発予防のアフターケアやクライシスプランに関しても、しっかりしたものがあります。だから、措置入院とのギャップがありすぎる。医療観察法も批判が随分ありますが、措置入院のいい加減さに比べたら、はるかにマシではないかと思います。裁判を受けるか受けないかの違いというのは些細《ささい》なものだと思いますが、受けた人が医療観察法で、受けない人が措置入院というのはちょっと処遇の違いが大きすぎて、これこそ早めに解消してほしい問題です。

最近私は、刑法39条が本当に意味があるのかというところから見直さなければいけないのではないかと思っています。過激な考え方かもしれませんが、一旦治療で症状をとったら、改めてそこで刑に服していただく。治療によって健康な状態に戻したら、罰を受ける権利を回復していただくという方がフェアなんじゃないでしょうか。

１００％病気だけで起こる犯罪というのはないと思うんです。刑法39条の発想は、比喩《ひゆ》的に言えば精神病という外来の寄生物にそそのかされて起こしてしまった犯罪なので、それを除去できれば安全な人になるという発想なのですが、私はそれはちょっと違うと思っています。

「殺せ」という幻聴が聞こえてきても殺さない人はたくさんいます。「殺せ」という幻聴があったから殺しましたという人の犯罪には、必ずその人の人格的な部分が関わっていると思うのです。精神疾患を抱えているからお咎《とが》めなしというのは、やっぱりおかしいと個人的には思います。

だから治療を受けて治りましたとなれば、治療期間中は行動制限されるわけですから、その分を引いた形で懲役何年かを決めるというような、そういう発想であれば、反対する人も少なくなると思います。病気か健康か、心身喪失か完全責任能力かといった二者択一は、もう現実的ではないな、というのが私の個人的意見です。

退院後のアフターケアも問題です。植松被告の場合、措置入院させてしまったことによって、家族や友人との関係がいっそう疎遠になってしまったのではないかと思います。現に退院後は家族と暮らすという条件がつけられていたにもかかわらず、彼は単身生活をしていました。家族も彼をもてあましていたのかもしれませんが、今回一番彼を追い詰めた、あえてそう言いますが、その最大の要因は孤立だったと思うのです。

退院後、回避すべきだった孤立した状況

孤立状況というのは、本当に自殺や犯罪などいろんな要素をもたらしますので、どんなに不快であったとしても、こういった人たちをどういう形で社会に再包摂するかということを考えざるをえないのです。そう考えないと、かえって彼らを危険な場所に追い詰めてしまうリスクが高まるわけですから。

でも日本では、一度はみ出してしまったものは切り捨てようという発想に賛同する傾向が強い。清原和博さんの逮捕時にも、こんなやつはどん底に落ちて当然という声が巷《ちまた》にあふれましたが、依存症の臨床経験から言うと、真逆です。こういうことをやらかしてしまったからこそ、孤立させてはいけない。再発予防のために田代まさしさんがダルクに参加しているように、新しい場所で自分の存在価値をもう一回承認してもらえるような活動ができるかということが問われるのです。

孤立が続く限りは、依存症や犯罪を繰り返すことになりかねません。植松被告に関しても、措置解除後の観察も大事ですが、それよりもどうやって孤立を防げるかということを考えるべきだったと思

います。

ただ、そのためのシステムがないというのが現状です。ACT（Assertive Community Treatment）という、地域包括ケアシステムというものがあるのですが、これは退院後の患者さんを往診によって24時間体制でフォローアップするシステムです。でもこれは慢性の精神疾患患者にしか適用がされず、彼のように薬物や措置解除後の事例には適用されない。本当はこういうアウトリーチ型の、言ってみれば〝お節介なケア〟をしっかり実践していくことが大事なのですが。

余談ですが、私は現在「オープンダイアローグ」というフィンランド発の治療技法について啓発活動をしているのですが、植松被告にもこのオープンダイアローグをやってみたかったと思います。これは対話を重ねるというシンプルな手法なのですが、彼のヘイトクライム的な部分に関して、なぜそう思うように至ったかというところを解きほぐすことによって、背景にある葛藤や孤立感のようなものが見えたかもしれない。

ツイッターを見ても、彼は非常に強がっています。刺青もそうですが、社会的に弱者化していく自分を認めたくないという思いが強くて、その結果、強がりをこじらせて障害者排除という発想に行ってしまったのではないかという気がします。

強がらざるをえない事情というのは明らかに孤立でしょう。極端なことを言う人には、必ず裏がある。その辺をきちんとケアできれば、あるいは犯行を思いとどまらせることができたかもしれない。傲慢《ごうまん》かもしれませんが、そう思いますね。

措置入院とは何なのかさえ曖昧なままでの議論

植松被告は、おそらく24条通報（精神保健福祉法第24条に定められた警察官通報）のような形で、警察経由で連れてこられたのでしょう。この辺りは現場の話になるのですが、警察は薬物依存者や精神障害者を留置することを嫌がるんです。それで病院に、いわば押し付けてくるわけです。お宅で診《み》てくれ、措置入院させるべきだと。本来警察が判断することではありませんが、現場では結構そういうことがあるのです。今、家でちょっと暴れたくらいでも措置入院を言い出しますから、その結果、病院側も渋々彼を受け入れてしまったのではないかという邪推もあります。私の経験からの類推ですが、「捕まえちゃった以上はしょうがないからどこかに入れてくれよ」という要請に負けてしまったのかもしれないという気はします。

それからこの際だから言っておきますが、彼が入院中に尿から大麻の反応が出たということで、病院側が通報するべきだったという批判がありますが、仮に覚せい剤が検出されたとしても病院に警察への通報義務はありません。さらに言うと、処罰はリピーターを生むだけです。覚せい剤常習者というのは何度も逮捕を繰り返しますが、これは服役では解決しないということの証左です。世間では、けしからんことをしたやつは処罰せよというくらいの気持ちなのでしょうが、再発を防ごうと思うなら治療しかない。それが常識です。一時の処罰感情に任せず、冷静に判断してほしいと思います。

この事件はあまりに衝撃的だったこともあって、措置入院とは何なのかすらはっきりわからないまま議論がなされました。だから「閉じ込めておけ」という話しか出てこないんですよね。日本で成人の行動を制限できるのは、警察官と精神科指定医だけですから、その権利の行使には相当慎重を期するのが当然です。日本の場合は「悪いことをしたやつはしょっぴけ」「ひどい目に遭わせて当然」という単純な発想がまかり通っているので、入院させるのが精神科医の責務のように思われてしまうのかもしれません。

対応を間違えると真相は闇の中に

朝日新聞に、措置入院の件数は２０１４年度の１年間で約６８００件と出ていました。これは邪推ですが、いま日本で精神医療の最大の問題は、病床数が多いことなんです。30万床以上の病床があって、これはダントツで世界一です。全世界の精神科ベッドの19％が日本にあるという統計もあって、破格の数です。

他国では、ほとんどの精神科の入院病棟が国公立だったから、政府が方針を変えれば病棟はクローズできるわけです。ところが日本は私立病院が多い。「地域移行を進めて入院はやめましょう」と言ったって、９割以上が私立だから言うことをきかないし、日本精神科病院協会が政府にプレッシャーをかけ続けていますから。厚労省はずっと減らしたがっているのになかなか減らず、30万床をなかなか切れないという状況が続いています。そして、措置入院の必要性をアピールすれば入院病床の必要性を世間にアピールできるという思惑が、裏で働いているんじゃないかという気も少しするんです。

今までは、精神障害者というレッテルを貼ってしまえば、そういう人の動機はわからないものだということで、蓋をされてしまっていました。しかし、この事件については、植松被告が精神障害かどうかにかかわらず、彼の動機は理解可能であると、私は思っています。その辺を徹底して詳しく聴取することが大切です。拘留が長期化すると、麻原彰晃のように拘禁反応で精神状態が悪化してしまいかねません。聴取していく中で彼が反省する可能性もなくはないと思いますが、どうせ妄想だからとか、大麻をやっていたんだから、おかしなやつだから話を聞く価値はないという先入観があると、真相は闇の中に葬られてしまうと思います。

（談）

［あとがき］

この1年間痛感した事件の風化とメディアの責任

篠田博之［『創』編集長］

本書を出版する意図を説明した巻頭の「はじめに」は、かなり早い時期に書き上げたものだ。難しいテーマを扱う本だけに、まず最初に、出版することの意義やどんな思いで編集にあたったかは詳しく説明する必要があると思っていた。

そして編集を終えるにあたって、さらにもう少し踏み込んだ「あとがき」を書く必要性を感じた。大きな理由は、本書刊行を前にして、出版中止を求める動きが出て、それを6月21日夜9時のNHKニュースが大きく報道したからだ。

植松被告の発言が出版されると聞けば、多くの人が、神戸児童殺傷事件の元少年Aが書いた『絶歌』をイメージし、慎重にすべきだという意見に傾く恐れはあった。本が出る前に出版を中止せよと言われた場合、対応はなかなか難しい。どんな本かわからないまま誤解に基づく議論になる恐れがあるからだ。

だから『絶歌』の場合は、出版社側は直前まで出版の情報が漏れないように気を使っていた。それに対して本書の内容は、既にほとんど月刊『創』に掲載したものだ。そこでのいろいろな発言を1冊にまとめることも既に公言していた。

なぜ事前にオープンにしたかといえば、難しいテーマであるからこそ、報道のあり方を含めて、議論しながら進めようと考えたからだ。もともと『創』の取り組みは、相模原事件についてのいろいろな情報をなるべくオープンにして議論を起こし、精神科医や障害を抱えた方やその家族、あるいは障害者施設に関わっている方など、多くの人の意見を求めたいと思って始めたことだ。

実際、この2年間で、多くの人から手紙やメールをいただいた。特に障害者の問題に関わる方々からは、植松被告の差別的な言辞は見たくもないが、事件の真相は知りたい、という声を、予想以上にたくさんいただいた。植松被告がどうしてあのような誤った考えに行きつき、しかもそれに囚《とら》われるだけでなく、実際に凄惨な凶行に及んだのか、想像を絶するあの殺傷事件がなぜ起きたのか、少しでも真相を知りたいという声だ。

一方で、事件についての報道がほとんどなされなくなるなかで、一般の人たちの関心の低下も予想以上だった。植松被告の凶行によって今でも恐怖にかられる障害者やその関係者と、事件を忘れつつあるそれ以外の人たちの間に大きな乖離《かいり》が生まれていた。

そんなふうになりつつあることについての一番大きな責任はメディアにあると思う。事件の後、厚労省の検証チームによる報告がなされ、国会で法案審議もなされたのだが、その段階で審議がなされていることさえほとんど報道されなかった。

そんなふうに急速に報道が縮小していった理由のひとつは、報道することさえ難しい多くの問題を、この事件が内包していたためだ。事件から1年という節目に多くのマスコミは植松被告に手紙を書き、取材を試みたのだが、そこでまず被告の主張が犯行当時と変わらない現実に頭を抱えた。そのまま報道するのは難しいと思ったからだ。

しかも、当時、植松被告はマスコミの面会は拒否していたし、手紙のやりとりでもなかなか報道側が質問した内容に応えようとはしなかった。その時点で多くのマスコミがそれ以上アプローチすることをためらい、この1年間、立ち止まったままで一歩踏み出そうとしなかった。

私が取材を進める過程で大きな危機感を持ったのはそういう現実だ。あれだけ深刻な事件に、この社会は何ら対応策も打てず、風化するのを待つだけなのか、という思いだった。それが本書を刊行しようと思った動機だ。

メディアをたじろがせたこの事件の難しさ

『創』が知的障害者の関わる事件に取り組むようになったのは故・副島《そえじま》洋明弁護士の影響が大きい。副島弁護士は、知的障害者の弁護に生涯を捧げたような人で、特に冤罪事件として知られる2004年の宇都宮事件の時には、『創』は毎号、副島弁護士へのインタビューの形で経過報告を行った。栃木県宇都宮市で発生した強盗事件で逮捕された知的障害者が犯行を自供、裁判で有罪判決が出される直前に、実は真犯人が別にいたことが明らかになったというものだった。

真相を明らかにし、知的障害者の置かれた問題を訴えるために、副島弁護士は体を張って取り組んだし、その過程で開かれた勉強会や集会に私も頻繁《ひんぱん》に足を運んだ。障害者の家族も、勉強会には毎回、何人も出席していた。

副島弁護士はその後、残念なことに難病にかかって２０１４年に他界してしまったのだが、まだ元気だった頃、副島さんがいつも言っていたのは、障害者の関わる事件についてのマスコミの対応は、無理解であるか腰が引けてしまうかどちらかだということだった。腰が引けるというのは、容疑者が精神障害者であるとわかったとたんに報道がパタッとなくなってしまうことに表れていた。

例えば２０１４年2月に図書館や書店の『アンネの日記』が次々と破損される事件が起こり、人種差別者による犯行ではないかと大きな報道がなされたのに、容疑者が逮捕され精神障害者であることがわかった時点で、パタッとそれがなくなった。せめてそれまでの報道を検証するくらいのことは紙面でなされるべきではないかと思うのだが、ある日突然、報道がなされなくなるのだ。

１９７０年代から80年代にかけて、差別表現をめぐってメディアへの激しい糾弾が行われた。メディア側はそれを主体的に受け止めるのでなく、危ないテーマは避けておこうという体質を身につけてしまう。差別問題に関わる報道については、マスコミが及び腰になってしまう傾向が拡大していった。

そうしたマスコミの過剰で安易な自己規制に対して抗議したのが、１９９３年の筒井康隆さんの「断筆宣言」だった。きっかけは教科書に掲載されていた筒井さんの作品『無人警察』がてんかんを持つ人々への差別を助長するという抗議が、日本てんかん協会からなされたことだった。筒井さんという著名な作家の「断筆宣言」は大きな社会問題となった。

『創』はこれを当初から報じていたが、双方に話を聞くうちに、膠着《こうちゃく》状態となった事態を打開するために動いてみようと思った。筒井さん自身も、敵は抗議を行ったてんかん協会でなく、安易に自己規制を行う「ジャーナリズムの思想的脆弱《ぜいじゃく》性」にあると明言していた。そこで94年に私は双方に仲介役を買って出た。真夏の暑い日、神戸の筒井さんの自宅を訪れたのを今でも覚えている。その結果、双方で書簡を交換して議論を深めることになった。そのうえで10月28日、筒井さんが上京するのにあわせて、てんかん協会の事務局長だった松友了さんにも来ていただき、筒井さんが泊まったホテルで、かなり踏み込んだ議論を行った。

そして11月7日に、双方による「合意」の記者会見を行ったのだった。考えは対立したままだから「和解」ではない。あくまでも「合意」なのだが、その会見で、筒井さんは、てんかん協会が要求していた、『無人警察』を教科書からはずすという措置を自らとることを公表したのだった。その代わりに、その作品が教科書以外の書籍に掲載されることはてんかん協会も認めるという合意だった。

差別表現をめぐる社会的コンセンサス

今回の植松被告への取材内容をどう報道するかという問題も、差別表現をめぐる問題とかなり重なる部分がある。差別問題について議論するのに、その中で差別表現をどう扱うべきかという悩ましい問題だ。相模原事件について真相究明を行うためには植松被告に取材し、その動機を聞き出す必要があるのだが、ではその発言を報道にあたってどう扱うべきか。これは簡単でない問題だった。

もちろん植松被告の誤った考えをどう克服するかという目的のためなのだが、その報道自体が障害者を傷つける恐れがあるし、植松被告の主張に同調する人を産み出してしまう恐れもある。冒頭に書いた出版中止を要求する人たちも、その二つが申し入れの理由だった。

実は差別表現をめぐるこの30〜40年ほどの社会的議論を経て、幾つかの考え方が示されている。例えばよく例に挙げられるのは、島崎藤村の『破戒』をめぐる経緯だ。差別を告発するために書かれたとされるその小説も、時代的制約を受けて差別的な表現が随所に見られ、部落解放同盟によって批判の対象になった。そして一時は糾弾を受けて絶版の憂き目にあったのだった。しかしその後、今はどうなっているかと言えば、当時の時代背景や差別についての詳細な解説を加えて出版されている。『破戒』が仮に差別書だとしても、きちんと解説を加えることで差別をなくすための書になりえる、という考え方によるものだ。

同様に、私が小さいころ愛読した『ドリトル先生』も、手塚治虫さんの『ジャングル大帝』も、アフリカ人の描き方が差別的だとして、一時激しい抗議にさらされている。手塚さんの作品など、一時は全作品が出荷停止になってしまった。手塚作品がヒューマニズムにあふれたものであることは誰もが認めるところだが、その手塚さんといえど時代の制約は受けており、『ジャングル大帝』に登場する黒人は確かに今から見ると「未開の人」というイメージそのものだ。しかし、それらの歴史的作品が差別的だといって絶版にするのでなく、きちんと解説を加えて世に残すべきだ、というのが現時点での社会的コンセンサスと言ってよい。つまり、読者にメディアリテラシーがきちんと働くようにしようということだ。

同様に、相模原事件について報道する際にも、植松被告の意見をどう報道するかについては、誤ったメッセージが伝えられることのないように工夫することが必要だ。市民社会にどのくらいのメディアリテラシーが機能しているか判断し、メッセージが誤って伝えられないようにするにはどうしたらよいか考えるというのは、言論表現に携わる者にとって大事なことだ。

また、伝えるメディアの違いを考えることも大事なことだ。新聞・テレビのように、受け手側の構えがない状況でも否応なくその情報が茶の間に飛び込んでくる場合と、雑誌や書籍のように、意識的に読もうと思う人がお金を払って購読するメディアとでは大きな違いがある。例えば植松被告が２０１６年２月に衆議院議長公邸に届けた手紙は、あまりに残虐で、新聞・テレビではなかなかその内容をそのまま報じるわけにはいかなかった。しかし、その後刊行された相模原事件についての書籍、例えば朝日新聞取材班がまとめた『妄信』という本には、その手紙の内容が詳しく掲載されている。

かつて差別表現についての議論で、よく図書館の対応が問題になった。差別表現だとして批判された本を、図書館が保管する時に、昔は一部の図書館では本の該当ページが切り取られたり塗り潰された例もあって大きな問題になった。記録を残すのも図書館の大事な役割だから、問題の箇所を切り取るというのは今では論外とされている。では差別表現のある本をどうするかといえば、開架でなく閉架の棚に置き、希望者がいた場合にその目的を尋ねるなどしたうえで閲覧に供するという対応の仕方が一般的だ。

こうした社会的対応の仕方も様々な議論を経て一定のコンセンサスを得ていったものだ。どういう言論をどう報道すべきかというのは今日、極めて大事な問題だ。ある意味では報道や表現は、絶えず誰かを傷つける可能性を秘めている。そのことと報道の使命との兼ね合いを考え、どう報道すべきかをメディアに携わる者は絶えず考えなければならない。今回の相模原事件報道など、まさにその典型的な事例だろう。

例えば2017年、私は『発達障害白書2018年版』に、依頼されて「津久井やまゆり園事件とマスコミ報道」という原稿を書いた。執筆したのは7月頃で、その時点で植松被告と手紙のやりとりもしていたのだが、先方の編集者との話し合いの結果、植松被告の発言をそのまま紹介するのはいっさいやめることにした。『発達障害白書』は、日本発達障害連盟が編集発行しているのだが、障害を抱えた人たちの家族が多く読んでいるという。そういうものであれば一般の雑誌に書くものと基準を異にするのは当然だ。

これは報道について考える際にとても大事なことだ。『創』で2年間、相模原事件を取り上げ、植松被告について報道してきて、理解してくれる人が多かったのは、『創』のことを知っている読者だったからだろう。『創』が植松被告の発言を報じていることは、社会学者の中島岳志さんが東京新聞で論評してくれたし、『創』連載執筆者の森達也さんは、なぜ大手マスコミがそれを無視するのか、と言及してくれた。ただ今回、その内容を書籍化する場合は、もう少し読者の幅が広くなる可能性がある。だから『創』で記事にした時以上に、報道の仕方は考えなくてはいけないと思った。

報道で傷つく人への配慮は当然だ

『創』で続けてきた議論を書籍にまとめて議論に供するために本書を出そうとしたところへ、出版中止の要求が出されたことは前述した。6月21日に編集部に抗議に訪れた静岡県立短期大学部の佐々木隆志教授は、障害を持つお子さんがおり、その息子さんが植松被告の名前を聞くだけで恐怖に駆られるのだという。編集部としては、もちろん安易な気持ちからではなく悩みながら植松被告に関する記事を掲載してきたのだが、そうだとしても障害を持った当事者がそれをどんな思いで受け取るのか考え、配慮するのは当然だ。

だから佐々木教授らの抗議を受けて、本書第1部の原稿を全部最初からひとつひとつ検討することにした。その結果、『創』では載せていた表現を削除したり、誤解されないよう説明を加えるなど大幅な修正を行った。

この2年間、相模原事件に関する報道で、障害を持った方やその家族などいろいろな人と話す機会があった。２０１６年8月に無理をして時間をとっていただいたのが「全国手をつなぐ育成会連合会」の久保厚子会長だ。滋賀県にお住まいということで私の方から伺おうとも思ったのだが、たまたま上京される機会があって、東京駅近くの貸会議室でお話を聞いた。

久保さんにぜひお会いしたいと思ったのは、事件直後に全国手をつなぐ育成会連合会が公表した「障害のあるみなさんへ」というメッセージに感動したからだ。『報道ステーション』がスタジオで全文を紹介したのだが、キャスターの小川彩佳さんが読みながら涙ぐんでいたのを覚えている。障害を持った人たちに対して、家族は全力で守るというメッセージだった。

一方で、その時、久保さんとお会いし、話を伺うなかで、驚くべきことも聞いた。事件直後に植松被告に同調して、障害者のために税金を使うべきでないといった心ない書き込みをネットにしている人たちが一部いることは知っていたが、なかには障害者の親たちの会である育成会連合会にわざわざそういう趣旨の匿名の電話をしてくる者もいたというのだ。衝撃を受けている障害者の親にそこまで残酷なことをする人もいたという話には慄然とした。

19人の遺族が匿名であることの背景

最後に、19人の犠牲者の匿名問題についても書いておこう。基本的な事柄は「はじめに」に書いたとおりだが、このことは障害者差別の深刻さを示すとともに、市民の間にマスコミ不信がいかに広がっているかを示すものであることも、私たちは肝に銘じないといけない。

『創』はもう30年以上にわたって、報道被害の実情を積極的に誌面で取り上げてきた。いろいろな事件の当事者が例外なく口にするのは、家族を亡くして悲嘆にくれている時に、葬儀場までマスコミが押しかけてくる、といったことへの反発だ。例えば１９８７年、初の異性間交渉によるエイズ感染者として亡くなった神戸の女性が報道対象になったことがあった。あまりにひどい報道だったと両親がメディア訴訟を検討し、相談を受けた弁護士に私が同行して話を聞いた。告別式の会場にまで報道陣が入り込み、家族が強く抗議したにもかかわらず、翌日も自宅に報道陣が容赦なく訪れた。しかも驚いたことに写真週刊誌には葬儀会場で隠し撮りされた遺影まで掲載されていた。

これは30年前の話で、その後の社会的議論を経て、こういう「集団的過熱取材」は改善されつつはある。でも、家族を殺害されて悲しみに沈む遺族が、葬儀会場を出たとたんに一斉にフラッシュが浴びせられたといった話は、その後も当事者から何度か聞いた。今回、相模原事件の19人の犠牲者の遺族が取材に応じようとしなかったのは、そういう不信感が一因であることを考えなければならない。

6月21日、本書をめぐって抗議がなされたことをNHKが夜9時のニュースで放送したことは前述したが、その中で記者がこういう本が出ることをどう思いますか、と障害を持つ女性に尋ねる場面があった。彼女が答えたのはふたつのことだった。ひとつは植松被告の差別的な発言は目にしたくないという意見だったが、もうひとつこうも言った。真相は知りたいと思う。これはたぶん多くの障害者の思いだと思う。植松被告がどうしてあのような残忍な行為を行ったのか、施設職員がなぜあのような考えに至ったのか。それを探ることこそが報道の使命だと思う。

相模原事件は本当に残酷で衝撃的な事件で、この社会に多くの問題を提起している。この社会がそれに立ち向かうためには、多くの人たちの意志が必要だし、何よりもジャーナリズムの責任が問われていると思う。

開けられたパンドラの箱
やまゆり園障害者殺傷事件

2018年7月20日　初版第1刷発行
7月27日　第2刷発行
8月14日　第3刷発行

月刊『創』編集部編
発行人……篠田博之
発行所……(有)創出版
〒160-0004 東京都新宿区四谷2-13-27　KC四谷ビル4F
電話　03-3225-1413
FAX　03-3225-0898
http://www. tsukuru. co. jp
mail@tsukuru.co.jp
印刷所……モリモト印刷(株)
装幀……鈴木一誌

ISBN978-4-904795-53-8